THE CHARISMA OF
MULTI-LEVEL MARKETING

マルチのカリスマ

ミキプルーンの真実

樋口昂央＝著

あっぷる出版社

目次

第一章　ミキプルーンの誕生

第二章　三基商事の現状

第四章　三基商事の将来性を検証する

第一章　ミキプルーンの誕生

健康食品にさして興味がない人も「ミキプルーン」という商品名を耳にしたことがある人は多いだろう。わたし自身も以前、知人の女性から一瓶をいただいたことがある。

彼女が言うには、「ぜひ試食してみて」と職場の知人から五瓶をもらい、もてあましてしまったということだった。

「興味ない？　その人が言うにはすごく健康にいいんだって。試してみて、もし続けたいようだったら連絡もらいたいんだって」

「ふーん、どこで売ってるの？」

「なんかね、お店とかでは売ってなくて、その人から買うみたい」

つまり、特定の人からしか買えない、マルチ・レベル・システム（以下マルチ・システム）、あるいはネットワーク・ビジネス特有の販売方法だった。

実際に使ったことがなくても、ミキプルーンという商品の一般的知名度は高い。ミキプルーンがその存在を広く知られるようになったのは、二十年あまり一貫して俳優の中井貴一をブランドの顔に起用し続けるテレビコマーシャルによるところが大きいだろう。

清潔な彼のイメージが、ミキプルーンの売り言葉である「健康」と重なって、世の中に定着していった。中井の姿は、そのまま長く愛されるミキプルーンの歴史となった。

とくに話題を呼ぶでもない落ち着いた商品コマーシャルではあるが、じつは、これが放映され続けてきたこと自体が、普通のことではないのかもしれない。

マルチ・システムで商品を売ること自体は、それほど珍しいことではない。実際、日本でも多くの企業がこのシステムで様々な商品を販売している。ただ、テレビ番組のスポンサーに名乗りを上げるだけの資金力があっても、一般的な信用を得にくいマルチ業界に、マスメディアは必ずしも積極的に関わりたがらないからだ。同様に、全国紙でうつ一面広告はやはり、「はなれ技」のひとつというべきだろう。マルチ業界にあって、大手を振ってマスメディアから広告枠を買うことができるのは、ミキプルーンのみがなせる技だといってもいいだろう。

ミキプルーンを製造・販売しているのは、「三基商事」という企業である。設立されてからすでに四〇年を越える歴史のある企業で、創業者であり現社長でもある門田敏量氏が一代で築き上げた健康食品会社である。

看板商品であるミキプルーンを中心に各種健康食品や化粧品を扱い、八〇〇億もの驚異的な年商を誇る。この売上を支えているのは、五〇万人ともされる会員、二万人ともされる代理店や営業所の資格をもつメンバーだという。

そのほとんどが女性であり、普通の家庭の主婦が多い。彼女たちは、健康や食品の安全に強い関心があり、三基商事の商品を売り広めることで社会をよくし、加えて、自分も経済的に豊かになるんだという希望と信念をもって活動している。

会社との雇用契約もない五〇万人が緩やかに繋がる、閉じられたコミュニティこそが、三基商事をここまで大きくした原動力と言ってもいいだろう。

ところが、最近になって三基商事が少しずつ変わってきているといううわさが出るようになった。いわく、「幹部社員が続々離脱している」「資金繰りの悪化で代理店が離反している」「商品の内容に説明とは違うところがある」などである。

超優良企業であるはずの三基商事に、いま、なにが起こっているのだろうか?

三基商事はどのようにして生まれ、どのように発展し、そしてどこへ向かうのか。

本書では、すでに三基商事を離れた元幹部や元社員、実際に商品を仕入れ販売していた代理店や営業所の方への取材を元に、希有なマルチ企業の未来を検証してみたいと思う。

三基商事のはじまり

三基商事は、一九六四年創業であり、現在も社長を務める門田敏量氏の個人商店として、大阪で生まれた。門田氏の夫人が借りていた豊中のアパートの一室からのスタートだった。

その後、法人としてのスタートを切ったのは、一九六六年、門田氏が若干二六歳のときのことだった。当初は、ミッチャム化粧品を扱うW商事の代理店としての仕事がメインだった。この商品に美白効果があるという評判が立ち、売れに売れた。

しかし門田氏と夫人は、W商事に利益が集中し、代理店である自分たちがそこに振りまわされている現状に満足はしていなかった。自分たちで直接仕入れ、売れば利益は何倍にも膨らむ。そこで門田氏は、別のルートでミッチャム化粧品を仕入れ、格安で商品を売り、組織を横取りするかたちで売上を増やしていった。

ところが、まもなくしてミッチャム化粧品が薬事法違反で取りあげられる。利用者に、肌荒れやただれといった症状が続出したためである。商品は発売中止に追い込まれた。

この事件により、三基商事は下着や食品などの商品を手がけるようになるが、ほとんどがうまくいかなかった。その時、つきあいのあったO商事から紹介されたのが、当時日本ではほとんど知る人もいなかった果実、プルーンだった。


一九七二年といえば、田中角栄内閣が誕生し、日中国交が樹立されるという戦後史に残る出来事が重なった年だ。世はまさしく高度経済成長のまっただ中にあった。首相に就任する前、田中角栄がまだ通産大臣だったころに発表した『日本列島改造論』がベストセラーになり、地価の高騰に火がついたころで、公共工事と工業製品の輸出の両輪で日本の経済が大きくまわりはじめていた。

一方の三基商事といえば、この年で創業八年目、社長も入れて社員六名の零細商社だった。しかも、ミッチャム化粧品が薬事法違反に問われたことにより主力商品を失い、会社はまさに生きるか死ぬかの瀬戸際だった。

先に述べたように、一九六四年に大阪で細々とはじまった門田夫妻による小商いを発展させるかたちで、その二年後に三基商事は生まれている。当初、三基商事が化粧品販売と女性もののアパレルの卸売りを手がけていたことは、いまではあまり知られていない。もともとは貿易でやっていこうとした会社で、創業以来、海外に独自ルートを開拓して、なんとか事業の柱をつくりだそうと、様々な事業に手を出していた。

初期の事業を主導していたのは、門田氏ではなく、むしろ夫人だったという。ミキプルーン以前の三基商事は、夫婦の経営による個人商店に近いものだった。

ミキプルーンを発売した当時、門田氏は三二歳。歳のわりには、いいあんばいにすり切れて老成した雰囲気があり、髪がだいぶ薄くなっていたこともあって、年相応には見えなかったという。

門田氏は、繊維の町として知られる愛媛県の今治市生まれ。実家はタオルの縫製工場を営んでいたという。地元の高校を卒業し、日本大学に進学、台湾大学に留学するも、中退して日本にもどってきた。家業を継ぐわけでもなく大阪に留まり、そこで出会ったのが、当時訪問販売で生計を立てていた今の夫人だった。彼女は、豊中のアパートで一緒に暮らすようになった門田氏に、自分の仕事を手伝わせるようになった。

扱っていた商品は、当時日本の台所に入り込みはじめたアメリカ生まれのキッチン用品、タッパーウエアをはじめ、洗剤や化粧品など。いずれも、店舗を持たない個人が、メーカーから商品を卸してもらい、個別に販路をつくっていく「訪問販売」というかたちで広く利用者を獲得してきた代表的な商品である。訪問販売のイロハを知った門田氏は、事業の難しさやおもしろさを、ここで学んだという。

法人化後の三基商事の主要事業は、先に述べたアメリカの化粧品メーカー、「ミッチャム」のブランドだった。なかでも「美白効果」をうたうクリームの売れ行きが好調であったが、ミッチャムの正規代理店だったW商事から商品を卸してもらうかたちだったため、巨利を得るW商事に再三振りまわされることがあった。これを危惧した門田氏は、別の商社を動かして流通を自分の手に握ることを思いつく。華僑ルートを開拓し、香港経由で同じ商品の仕入れができる取引をまとめたのである。

そして、総代理店が独占していた販売ルートに、格安で同じ商品の供給をはじめた。つまり、W商事の販売組織を横取りしてしまったかたちになる。

それでも、高価な化粧品を半値かそれ以下で売るのだから、事務所を開くとたちまち客が列をつくった。評判が評判をよび、商品は売れに売れた。当時の経理担当者M氏によれば、現金を入れるみかん箱がたちまちいっぱいになってしまうので、足で踏みつけて押し込んでいたという。

ミキプルーンの誕生

ところが、予想もしない事態が起こる。冒頭に述べた、ミッチャム化粧品の薬事法違反である。化粧品をつかった人たちのあいだから、皮膚荒れやただれ、やけどのような症状が多数報告されていることが、全国紙の紙面を飾ったのである。調査の結果、美白のための成分であるヘキサクロロフェンやアラントインの副作用であることが明らかになった。商品は、販売中止に追い込まれた。

一夜にして稼ぎ頭の商品を失った三基商事は、冷凍エビやパイナップルといった食品輸入や、女性ものの下着販売に活路を見いだそうとするが、どれもうまくいかない。挽回をあせる局面で何かを仕掛けると、どうしても結果が出ず、あがけばあがくほどぬかるみに足を取られることがあるが、このころの三基商事はまさにその状況だったのだろう。事業の利益はほぼゼロに近くなっていた。もともと少なかった社員も次々と辞めていき、残ったのは社長の門田氏と、新人社員の二人だけだった。

「とにかくなんでもいい。売れるものはないだろうか？」

切羽詰まった状況のなか、つきあいのあった○商事から、まだ日本では本格的に紹介されていなかった「プルーン」という果物の話を聞かされたのはそんな時だった。アメリカ産のフルーツだというが、[illegible]聞いたことも見たこともない。しかも、「売ってみないか」と差し出されたのは、プルーンそのものではなく、煮詰めた瓶詰めのエキスだった。

ドロドロとした濃紺色の液体を口に入れてみた。粘性があって酸味、甘みもあり、くどい印象でお世辞にも美味しいとはいえない。そのまま食べるには抵抗があるし、さりとて料理につかうアイデアも思いつかない。鉄分と食物繊維が豊富で便秘解消に効果のある、新しい健康食品という触れ込みではあったが、こんなものを人にどうやってすすめたらいいのか、頭をかかえたという代物だった。

当時を知る元幹部によればこうだ。

「今だから言えることですが、プルーンを売りたくて積極的に手を伸ばしたわけでもなければ、いくつかの商品を並べて消去法で選んだわけでもない。プルーンしか、三基商事には残されていなかったのです」

会社にとっては、クモの糸にすがりついたようなものだった。実際、取引先からの評判は芳しいものではなかった。

「いくらなんでも、こんなイモアメみたいなものは売れへんで」

「もうちょっと食べやすくできんのか」

さらには、

「これをこぼしたら大変やろう、掃除もできへんで」

という、あらぬ指摘まで受けるような状況だった。

会社がいまにも倒れるという状況のなか、門田社長と元幹部は、かつての取引先であるA氏とその友人であるI氏に相談をあおいだ。

じつは、薬事法違反によって三基商事に壊滅的な打撃を与えたミッチャム化粧品というのは、日本の訪問販売の原始的な商品だった。A氏は、ミッチャムからの取引先で、もともとのビジネス仲間だったが、その友人のI氏は、日本では最初期のマルチ・システムの会社となった、ＡＰＯジャパンという会社にも関わっていた人物だった。

三基商事の門田社長、元幹部、そしてA氏、I氏は夜な夜な集まってはどこかに活路はないかと話を続けた。そして、行きついたのがマルチ・システムだった。

A氏はどこに持っていっても相手にもされなかったプルーンの瓶を見て、

「こんなもんでもなあ、売ろうと思えば売れんことはない。要は売り方やで」と言ってのけたという。

マルチ・システムには素人だった門田氏も、ならばそれでやってみようという気になったという。

A氏の教えはこうだった。

「商品はなんでもいい。大切なのは組織をどうつくるかだ」

失うものはもう何もないというところまで追い詰められていた三基商事が、それに挑戦しない理由はなかった。

日本におけるマルチ・システムの誕生

折しも、中内功氏率いるダイエーが阪神地区の商圏に爆発的に広がりはじめたころである。一九五七年に創業したダイエーが創業して一五年がたった時のことである。それまで問屋の支配力が強かった古い流通システムを破壊することで、ダイエーはそれ以降の小売りの姿を一変させた。流通の常識を覆したダイエーの最大の武器は、不特定多数の消費者を魅了する「安売り」だった。

あまり知られていないことではあるが、ほぼ同じ時期、それまで日本にはなかった新しい販売のかたちが市場に広がりはじめていた。それが、アメリカからもたらされた「マルチ・システム」である。

最初期に進出してきたアメリカ系マルチ業者の代表格は、先にも述べたAPOジャパン、ホリデイ・マジック、スワイプ・ジャパンの三社である。

APOジャパンが扱ったのは、自動車に装着するとエンジンの排気ガスを減少させ、出力をあげるという機械装置だった。ホリデイ・マジックとスワイプ・ジャパンはそれぞれ化粧品と洗剤だった。

システム的にはそれぞれ特徴があるものの、大きくは組織がピラミッド型になっていて、セミナーによって会員を獲得していくというところは同じだった。会員とは同時に、購買者でもある。

これがダイエー型の小売りビジネスと決定的に違うのは、不特定多数の「消費者」ではなく、特定の「会員」をターゲットに成り立つ商売だということだ。だから商品は必ずしも「安い」必要はない。むしろ高価でも構わない。その高価な商品を購入してもらう方法が、店舗を持たない「対面販売」であるところも、広い売り場で自由に商品を選び出して、レジで支払をするというダイエー型のビジネスとは正反対のものだった。
巨大スーパーの誕生と、日本におけるマルチ・システムの誕生がほぼ同時期だったことになんらかの相関関係があるのかどうかはわからない。ただ、いずれもがアメリカに起源をもち、それぞれの方法で販売の効率化を目指してきた部分では共通している。
実際に、日本に入ってきたアメリカ系のマルチ企業はこのころ急成長を遂げている。洗剤を扱うスワイプ・ジャパンが登場したのが一九六九年のことである。その三年後の一九七二年に、マルチ・システムに関してはまったくの素人であった三基商事が、「ミキプルーン」をもってここに参入することになる。

ちなみに、ミシガン州生まれのアムウェイが日本で活動をはじめるのはミキプルーン発売の七年後、一九七九年。ユタ州発のニュースキンにいたっては一九九三年に入ってのことである。

こうしたマルチ系ビジネスの勃興というものは、流通・小売りの正史にはあまり登場しない、経済の裏面史のようなものであろう。

マルチ・システムのスタート

三基商事に話を戻そう。

マルチ・システムによってプルーンを売ることを決めたはいいが、当時の三基商事にはベースとなる組織はなかった。一から、組織作りをはじめなければならなかったのである。

三基商事が最初の説明会を開いたのは、大阪の吹田市だった。「ちょっと面白い商売の話があるんだけど、聞きに来ない？」とかつての取引先などに声をかけ、五〇人ほどが集まった。ただ、それがどんな集まりなのか、参加者は今ひとつよくわかっていなかった。その時集まったのが、マルチ・システムのことなど知らない、「まっしろ」な人ばかりだったこともある。

そもそも三基商事側にしてからが、即席でマルチ・システムを頭にたたき込んだばかり。ましてや売り物であるプルーンにしても、昨日今日その効能を知ったような立場である。しかも、大勢を相手に話すことにも慣れていないし、これでは相手をその気にさせる話などできようはずもなかった。

人数こそなんとか五〇人ほど集められたものの、一人の契約も取れない。次いで堺、岸和田と大阪の町をまわるもやはりうまくいかなかった。

風向きが変わるのは、最初の説明会から十か月ほどしたころ、横浜で開いた説明会だった。

最初の説明会で集まったのはわずか八人。しかし、二回目に五〇人ほどが集まったのだ。その五〇人は、これまでと違い、「まっしろ」な人たちではなかった。すでにマルチ商法をやっている、「現役組」だったのだ。

マルチ・システムにつきものなのは、分裂と吸収である。三基商事より早く事業をはじめ、すでに全国に組織を広げていたシャクリーという会社がある。ちょうどそのころ、シャクリーで内紛があり、一部の有力会員が新しい会社を探しているところだったのだ。マルチ・システムの要は代理店の存在である。代理店は会社と雇用契約があるわけではなく、店舗も持たずに身一つで商売をする。代理店の強みとは、その身軽さと、自前の組織をもっていることに他ならない。つまり、代理店が一つ離れれば、その下に連なる会員も根こそぎ消えることになる。逆にいえば、有力な代理店なら、自ら会社を立ち上げることも可能なのである。

マルチ業界では、そういった離合集散がたびたび起こり、企業の体力が一時的に強くなったり、突然弱くなったりもする。もともとが収益性の高いビジネスであるがゆえに、まったく関係のない大企業がマルチ・システムの会社を買い取ったりすることもある。ただ、「組織にはじまり組織に終わる」マルチ企業を、一般企業が統率していくのは意外に難しい。そこがマルチ企業のマルチ企業たるゆえんでもある。

実際に、離脱がはじまったり、トップクラスの会員間の亀裂が決定的になるというトラブルが起こり、早々に会社を手放すこともある。さらにいえば、会社そのものの消滅もありうる。すると、自前のマーケットをもった有力な代理店が、なにか売れる商品を求めて、ちまたを浮遊することになるのである。

極端な言い方をすれば、代理店にとって商品はなんでもいい。商品とは、組織に血流を巡らせる「道具」に過ぎないともいえる。しかし、この道具がなくなれば、組織の血管はぶちぶちと切れていく。道具は必要不可欠のものであり、さらにいえば、信頼できるものであるに越したことはない。

ただし、当時の三基商事にそこまでの知識があったかどうかはわからない。しかし、シャクリーを離脱した人たちに、三基商事が新しい商品の販売をはじめたことを知らせた人物がいた。それが、関西に住む元ミッチャムの販売店だった。シャクリーが扱っていたのが健康食品だったことも幸いした。

そして三基商事は、横浜の説明会で三人の代理店契約を得たのである。普通の小売り商売の感覚でいえば、たった三人である。しかし、この業界においては、されど三人である。この三人から、強力な組織力を持ったシャクリーの代理店に三基商事の話が伝わった。

繰り返すが、この業界において強力な組織力を持つ代理店は、契約会社を切り替えることにさほどのリスクを負わない。会社を切り替えても、それまで顔と顔をつきあわせて商品をやりとりしてきた既成の販路はそっくり生きているからである。つまり、それまで扱ってきたシャクリーの健康食品を、三基商事のプルーンエキスに替えさえすればよかったのである。

事実、このような移籍組は、目に見える形で大成功を収めた。評判が評判を呼び、続々と三基商事に加わる人たちがあらわれ、関東地区でのミキプルーンの売り上げはまさにうなぎ登りとなった。スワイプ・ジャパンの組織さえ、三基商事になだれ込んできた。プルーンエキスにまったく冷淡で、説明会でもさっぱりだった関西地区でも、加入契約者が出てくる。そして、九州、名古屋へと販売網は広がっていった。

かつて門田社長はじめ、社員も頭を抱えたプルーンエキスが、信じられない勢いで全国に流通するようになってきたのである。

ネットワークができてくると、初めて説明会を開く土地であっても、なんらかの情報をもって説明会に参加する人が出てくる。会員の紹介や口コミを得て参加してくる人も増える。当然、契約率は上がる。ここへきて、三基商事側も商品と販売システムに自信をもつようになる。何をどのように伝えれば参加者の心をつかむことができるのか、経験値として蓄えていったのである。

このころ、商品についての説明は門田氏がおこない、システムについての説明はおもに担当社員がおこなっていたという。この業界において、商品の説明はもちろん重要である。ただ、もっと大事なのは、どのようなシステムを採用して、どこにどの程度の儲けが出るシステムなのかをわかりやすく伝えることだ。やってくる参加者の最大の関心も、そこにあるからだ。

三基商事最初の危機

組織が徐々にできはじめ、ミキプルーンの販売が波に乗りはじめたころだった。S食品という輸入会社から、「うちからプルーンエキスを買いませんか」という打診があった。

三基商事がプルーンの仕入れ先にしていたのは、プルーンエキスの存在を教えてくれた、O商事という企業だった。すでに三基商事は同社にとって大得意の取引先であり、プルーンエキスは最重要の輸入品目になっていたという。

加工エキスには輸入制限があり、当時、プルーンの加工エキスを大量に仕入れるため、O商事は容器のドラム缶の上に、ぎっしりと果実を浮かべるという細工をほどこしていた。こうすると、輸入果実と見せかけることができるからだった。

O商事にすれば、わずか五年のうちに起きた三基商事の急成長は、予想だにしないことだっただろう。もともとは自分たちが三基商事に紹介し、ゼロからはじまったプルーン販売の事業をつぶさに見てきたO商事が、

「三基さん、いくらなんでもあんたのところ、儲けすぎや」

と、取引のハードルをあげようと考えたのも無理からぬことではあっただろう。ましてや、プルーンという商売のアイデアを出したのはO商事である。

これに対して三基商事は、すぐにS食品との交渉をはじめ、一人の幹部社員をアメリカに向かわせた。

ところが、どこからかその情報が漏れたのだろう、O商事が強力な圧力をかけてきたのである。S食品とは契約に至ったわけではない。ここで取引を止められれば、三基商事はおしまいである。どんなに組織をつくったとしても、商品がなければ機能はしない。O商事がすべてお見通しであろうとも、自分たちから「新しい輸入ルートを探しています」とは口が裂けても言えない。三基商事は、これを幹部社員による独断専行として、O商事に弁明した。

O商事はこれに対し、出荷停止の措置を取り下げる条件として、幹部社員の解雇要求を突きつけた。さらにその一方で、三基商事の会員に対し揺さぶりをかけたのである。

揺さぶりといっても、方法はじつに簡単である。

「じきに三基商事は潰れるでしょう。あなた方に商品が届かなくなる日は、そう遠くはありませんよ」

そういった噂を、数人のメンバー（代理店・営業所・会員）にそれとなく伝えるだけのことである。ビジネスの存亡に関わる噂は、すぐに組織を巡る。

繰り返しになるが、マルチの世界では、代理店や会員の離合集散は日常茶飯事である。

先に述べたとおり、三基商事が飛躍するきっかけになったのも、他社で活躍していた有力代理店の加入によるところが大きい。つまり、その逆もありえるということだ。極端にいえば、一人の有力メンバーの離脱が、会社を破滅させるきっかけにもなる。たったひとつの出会いが、劇的に状況をかえるのが、マルチの醍醐味であり、怖さでもあるのだ。

プルーン戦争

「その幹部社員をクビにしろ」

と詰め寄られて門田氏は返事に窮した。それを見たO商事に、本気で三基商事を潰しにかかった。腹いせに大事な取引先を潰してなんになるのかと思われるかもしれない。しかしそうではない。先のことを考えての動きだったと思われる。

つまり、三基商事を失ったメンバーに、O商事が直接、商品を供給する腹づもりだったのだ。取引停止という最後通告をちらつかせながら、O商事自らが、三基商事に取って代わろうというのである。実際に、噂が流れてすぐに、七〇人ほどの代理店が三基商事を離れていった。

三基商事は腹をくくらなければならなかった。駆け込むようにS食品と契約し、急ピッチで商品を作ってくれるよう申し入れたのである。しかし、多くの離脱者が出たことで、会員の間にも不安はみるみる広がっていった。

「噂は噂でしかありませんよ。実際、みなさんの注文に対して一度でも商品が滞ったことがありますか？　三基商事は安泰ですからご安心下さい」

必死に噂を打ち消そうとするものの、手元にあった商品の在庫は底をつきかけていた。苦肉の策として、三基商事は禁じ手に出る。

マルチの世界では、すべての会員が商売上手というわけではない。ビジネスをはじめるにあたって、会社から買い込んだ規定の商品をもてあましている人も相当数いるのが、この世界の常識である。そういった人たちは、売れないまま賞味期限を過ぎてしまえば、初期投資の回収を諦めなければならない。三基商事は、その在庫に目をつけたのである。

「在庫を抱えた人たちへの負担軽減措置」と偽り、商品の回収をはじめた。集めた瓶のラベルは、にわか工場となった社長の自宅ガレージで剥がされ、新しいラベルと張り替えられた。ケースも同様に新しいものにした。

それらを、売上を伸ばしている代理店からの新規注文に振り分けるわけである。要は偽装商品を循環させたことになる。いま、このような行為が露見すれば会社の存続にすら関わっただろうが、当時の三基商事は必死だった。しかしそれでもなお、新しいプルーンエキスが届くまで持ちこたえられるかどうかの瀬戸際だったという。

結果的に、新しいプルーンエキスが間に合い、三基商事はなんとか踏みとどまることができた。当時の幹部社員によれば、残った代理店が一丸となって結束し、それぞれの組織を必死に守ったのだという。会社にとっても、代理店にとっても、とても大きな出来事だった。

三基商事のマルチ・システム

三基商事の歴史を振り返ると、Ｏ商事との「プルーン戦争」とならぶ大きな危機がもう一つある。

その話に入る前に、三基商事の初期システムを説明しておこう。

すべてのマルチ企業と同じく、三基商事のメンバーになるには、一定量の商品買いつけ義務と、権利金が必要になる。この場合の「メンバー」というのは、代理店と営業所のことである。（※資料・三基商事の販売システム）

ミキプルーンを使って商売するには、まず規定の権利金を払い、商品を三基商事から卸してもらう認可を得る必要がある。つまり、代理店になる権利を購入することになる。

三基商事の場合は、権利金が三〇万円、商品の買いつけ義務が四〇万円。あわせて七〇万円が必要だった。会員の多くは、普通の主婦だったり、勤め人のサイドビジネスなので、かなりの額である。この金額を支払ってもなんとか儲けにつなげるには、まずは商品をたくさん売ることである。加えて、もう一つできることがある。組織のメンバーをたくさんつくることである。組織をつくれば、そのメンバーの権利金と、売上の歩合が入ってくる。組織が大きくなれば、おのずと歩合が吸い上げられ、資格手当も増えていく。それが組織開拓のなによりのモチベーションになる。

マルチシステムは先に加入した人にマージン・権利金が入るため、後になればなるほどメリットを得る可能性が低くなり、いち早く加入し組織を作った人に莫大な資格手当（紹介料）が未来永劫入り続ける。

業界では、はじめに権利金が発生するこうしたシステムを「バイ・イン」（buy in）と呼ぶ。一般には、プレーヤーがゲームに参加するために支払わなければならない金額である。あからさまな言い方をすれば、このマネーゲームへの参加料である。

ゲームであるからには、誰もが勝者になれるわけではない。どこのマルチ企業でも、まず代理店になるための権利金と、一定数の商品の仕入れ義務が課せられる。説明会に参加して興味を持っても、いざ入会するとなると二の足を踏む人が多いのも、この心配があるからだ。逆に、業界をそこそこ知っている人だと、「在庫をどのくらい抱え込まなければいけないのか」という最低の義務についてまず聞いてくる。

実際の負担額や量は、それぞれの企業によって違う。ただミキプルーンの場合は、賞味期限というものがある。売り切ることができず、なおかつ傘下の会員も増やせなかった場合は、大きな損害を被ることになる。マルチ・システムの大きな問題点のひとつがこれである。

この問題が広がると、監督官庁の指導対象になったり、行き過ぎれば司法の手が入ることもある。実際に、急成長したマルチ企業がこれでいくつ潰れたかわからない。

在庫を抱えたまま、とうとう初期投資の回収を断念した会員がたくさんいるということでは、三基商事も例外ではなかった。急成長をとげるマルチ企業は、この問題への対応を必ず迫られる。ただ、ほかのマルチ企業では、よほどの大事にならない限り、収益性の高いシステムを変えない。例えば会員が、

「もうかるはずじゃなかったの？　ぜんぜん話が違うじゃない！」

と詰め寄ってきても、こう突き放すだけだろう。

初期の三基商事の販売システム

	仕入価格	権利金	買付義務	合計
代理店	4000円/セット	30万円	100セット	70万円
営業所	5000円/セット	10万円	40セット	30万円
特約店	6500円/セット	なし	12セット	7万8千円

- メンバーの卸利益

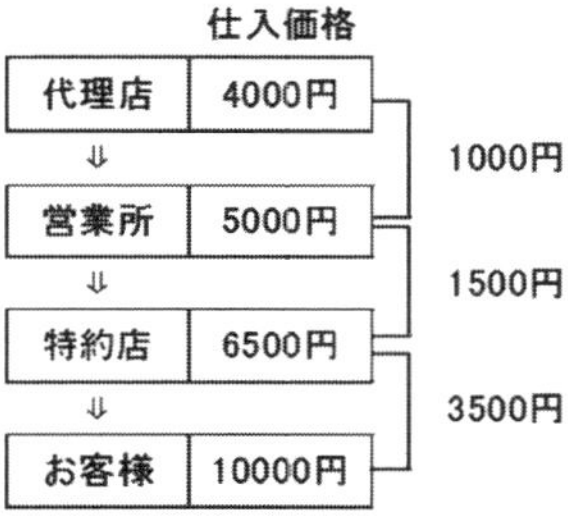

- 代理店は子（200円）・孫（200円）の代まで代理店の仕入実績に応じて資格手当をもらえる
- 営業所が営業所を作った場合、その営業所の仕入実績に応じて資格手当をもらえる（200円）
- 特約店が特約店を作った場合、その特約店の仕入実績に応じて資格手当をもらえる（300円）

※特約店とは、今でいう会員のこと

- 資格手当（同格の販売店を作った場合にもらえる紹介料）

代理店の場合

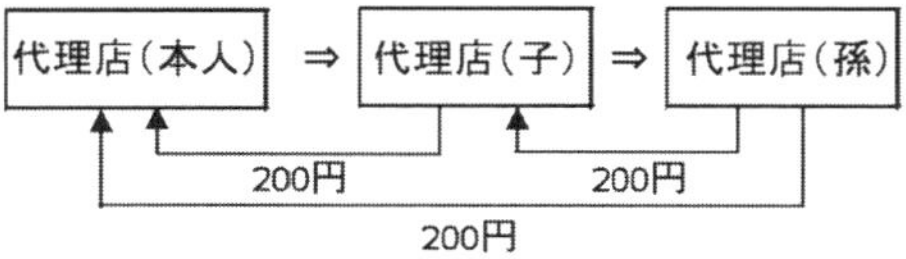

営業所の場合

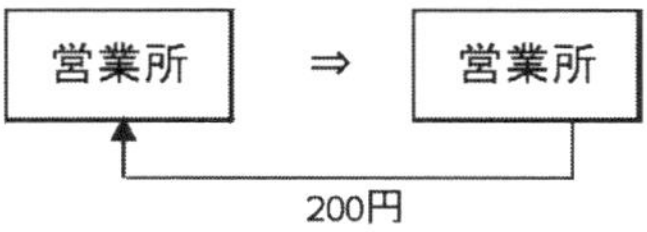

特約店の場合

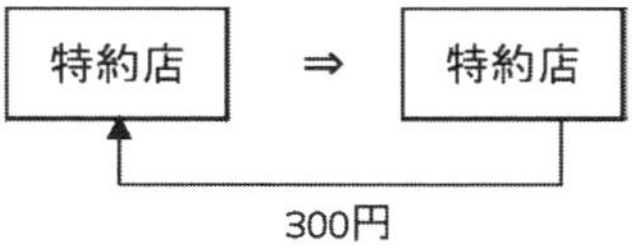

「だからそれは最初に申し上げたように、あなたの売上次第なのです。契約書をもう一度読んでみて下さい」

実際、この業界に長くいる人に話を聞くと、「そんなことは日常茶飯事ですよ。これまで何回そのやりとりを繰り返したか」という。その手のクレームには慣れっこになってしまうわけだ。

三基商事がほかのマルチ企業と多少違ったのは、おそらくほかのどの会社よりも、このマルチ・システムを怖れていた会社だということだろう。

ミキプルーンの発売から一年半ほどたったころ、堅調この上ない収益構造に大々的に改革のメスを自ら入れたのである。

三基商事はまず、代理店の資格をお金で買ってもらう制度を廃止した。「従来のバイ・イン」をやめたのである。

お金を払えば代理店になれるというシステムをやめたのである。そのかわり、営業所の資格はもらえる。この場合の営業所と代理店の差というのは、事業規模である。

営業所の権利金をなくし、プルーンの買い付け義務の一〇〇セットは残した。営業所から代理店に昇格するには、営業所資格をとるメンバーを自分で五人つくらなければならない。つまり実績を問われるということになる。そのかわり、最初に大きな投資をするというリスクを軽減し、ギャンブル性を薄めたのである。ただし、商売をはじめる準備金は七〇万円から五〇万円になったが、実質的な「バイ・イン」の性格は残ったままだ。

さらに五年ほど後、三基商事はさらにもう一歩踏み込んで、営業所の権利もお金で買えないようにした。六〇セットの販売実績をつくった人にのみ、営業所の認可を与えたのである。

このようにして、初期投資の負担が軽減されたことによって、新しく契約するメンバーにとっては、利点といえる。ただし、買いつけ義務による卸利益がまったく入らなくなることにより、会社にも代理店にもそのしわ寄せは来る。しかし三基商事は、利益の増大よりも、リスクを削ぐことを選択したのである。

マルチシステムの社会的悪評に対する三基商事の戦略とは

これによって、マルチ企業としての三基商事の不安の種が取り除かれたかというと、もちろんそんなことはない。当時の三基商事は、監督官庁の介入の指針となっていた「連鎖販売の取引要件」と常に戦っていた。

仮に三基商事がなんらかの問題を起こし、指導の対象になった場合、監督官庁側がミキプルーンの販売を、司法機関や役所がいうところの「連鎖販売」とみなすかどうかで、その後の対応はまるでかわってくる。注意にとどめるのか、事業改善をもとめるのか、あるいは取りつぶしに追い込むべく大なたをふるうのか。

たとえば、アムウェイやニュースキンといった最大手は、最初からマルチ・システム、つまり「連鎖販売」であることを隠していない。ゆえに、監督官庁から「連鎖販売」とみなされることをまったく怖れていない。ひとつの企業戦略としては、これもありだろう。

ともあれ、監督官庁はなにをもって「連鎖販売」との判断を下すのか、その要件はさほど複雑なものではない。以下の五つの要件をみたす商行為が、マルチとされるのである。

- 個人が事業者であること
- 現金取引であること
- 店舗を持たないこと
- 特定負担が生じること
- 特定利益が生じること

実際に、マルチ・システム販売は、この五つの要件が最低なければ成立しない。これについて、三基商事は何度も何度も検討を重ねた。しかし、どうひねっても迂回しても、「個人」「現金取引」「無店舗」の三つの条件を外すことはできない。マルチ事業の強みはこの三点にあるといっても過言ではないからだ。これが認められなければ、独立した個人が自由に動き、人から人を通じてネットワークを構築していくことができない。

では残る二つの要件はどうか。「特定負担」とは先にも述べた「バイ・イン」のことである。商売をするにあたり、避けて通れない負担。実際の事業に即していえば、「商品の買いつけ義務」がこれにあたる。これには金額のボーダーがあり、当時の条文では「二万円以上」となっていた。

三基商事は、既成システムの中から、なんとかこの「特定負担」の要件を外すことができないか模索した。その結果が、先にも述べた「買いつけ義務の撤廃」である。

ただし、それだけでは不十分である。営業所への昇格を急ぐ会員は、昇格条件であるミキプルーン六〇セットを一括で購入する。これを、「販売行為にともなう仕入れ」と監督官庁がみなすかどうか。在庫が足下に積もっていく事実を考えれば、「商品の買いつけ義務」と実態はかわらないのである。

監督官庁のいう「特定負担」とはつまり、在庫を課すような仕組みになっているかどうか、である。三基商事は確かに改革をおこなったが、官庁側にこの「取引要件」について指摘された場合、苦しい立場に追い込まれることは明らかだった。

アメリカ発祥のマルチ・システム

少し話はそれるが、ここでマルチ・システムと社会問題についての基本的な話をしておきたい。

今さらではあるが、アメリカ発祥のビジネススタイルであるマルチ・システムは、それ自体が違法というわけではない。

たとえば日本でも、古くから「講」という楽しみ方があった。内容は様々だが、「講」に参加する大勢からお金を集めて、くじなどで選ばれた数人がお伊勢参りの旅に出たりする。いくばくかの出資金を集めて組織化しないことには、「講」ははじまらない。人が人を呼びねずみ算式に組織がふくらんでいくことから、「ねずみ講」などと呼ばれたりもする。金を集めるだけ集めて元締めが持ち逃げするとか、実際にお伊勢参りに行かなかったりという背信行為がおこなわれない限り、これは合意の上のゲームであり、ある種の娯楽でもあった。

このように、個人事業者が構築したネットワークをつかっての物販や、「講」のような集金は、法律上なんら問題はない。ただ、こうした販売スタイルがたびたび引き起こすトラブル、それこそが問題なのである。

マルチ・システムのいちばんの問題を一言でいえば、必ず儲かるかのように説得されて出資したものの、実際には損失をこうむるケースが多々あることだ。ことに問題視されるのが、一部の成功者の特異な成功例をみせつけて、だれもが儲かるかのように誤解させる巧妙な説明をおこなうことだ。

店舗を持たない個人がものを売るために昔からとられてきた手法、今の時代はネット通販などが多くなってきているが、古典的かつ普遍的な方法が、訪問販売である。この「訪問販売」とマルチはいまでも時折混同されている。

あまたのトラブルがよせられる消費生活センターでは、ごく簡単に「組織をつくることによってメリットが発生する」ことを、マルチ・システムであるかどうかの判断材料にしている。先に説明した、「バイ・イン」などがこれにあたる。

対面販売で売るという共通点があるので、訪問販売とマルチ販売の扱う商品は似てくることが多い。販売者と購入者が物販をつうじてほどよい距離で結びつくのが対面販売の良さである。その良さを生かせる商品は、消費しやすい化粧品や下着、健康食品といったものになる。

この業界に長くいる人物に話を聞くと、たとえばポーラや日本メナード化粧品は純然たる訪問販売。ノエビアはマルチ商法であるという。また、やはり化粧品のエイボンや、古くからあるキッチン用品のタッパーウェアなどは半マルチ、折衷の販売形態だという。ただし、これらの企業も時代と共に変化し、ライバル社のいいところを取りこんだりしてそれぞれ独自の販売スタイルをつくりあげているため、白黒つけがたい部分が大きいのだという。

話を元に戻そう。一九八五年、当時の通産省が、マルチ企業への監視を強めるため、該当事業社の公表を決めた。三基商事がプルーンの販売をはじめて一三年目のことだった。

このきっかけになったのは、当時世間を騒がせた「豊田商事事件」である。豊田商事が扱っていたのは金だった。事件が起こる数年前に、金の国内輸入量が最大になるという金ブームが起こり、先物取引も過熱の様相をみせていた。そんなときに登場してきたのが、豊田商事である。豊田商事は、高齢者を中心に次々と販売契約を獲得していった。ところが、金の購入者には現物ではなく預かり証を渡すだけ。集めるだけ金を集めたあげく、先物取引に失敗した豊田商事は破綻する。被害総額は、二〇〇〇億円近くにのぼった。老後の蓄えを根こそぎ持っていかれ困窮する人が続出し、大きな社会問題になった。さらに、自宅に引きこもった同社の社長が、押しかけたマスメディアの目の前で刺殺されるという惨事に発展し、衝撃を与えた。

被害総額からいえば、戦後最大級の詐欺事件である。ただ、顧客になった高齢者に友人を紹介させて資産増殖の魅力を訴えながら「連鎖式」に顧客を捕まえていったこと、かたちとしては「訪問販売」であることが重なるものの、豊田商事はいわゆるマルチ企業ではなかった。さまざまなメディアで「マルチ」ではなく「マルチまがい」という用語が使われたのはそのためである。

とはいえ、この事件のインパクトは強すぎた。それまで消費生活センターに相談されていた苦情の内容がクローズアップされるようになり、マルチによる被害が一気に社会問題化したのである。通産省もなんらかの対策を打たなければならなくなった。そのひとつが、マルチ企業の社名公表だったのである。

公表したからといって、事業そのものを規制したり、取り締まったりするわけではない。要は「こういう会社のうまい話にはご用心」ということで、消費者に注意を喚起することが目的だったのだろう。ちなみに、社名公表はこの一回きりで、それ以降行われてはいない。

監督官庁との攻防

三基商事は、マルチ・システムによって健康食品を売る会社であるが、社名が公表されるのだけは避けなければならなかった。公表されれば、世間的には豊田商事と同じ扱いになりかねない。そうなれば、会員を増やすのはもとより、ミキプルーンを売ること自体が難しくなってくる可能性もあった。まかり間違えば、雪崩のような会員離れを引きおこし、会社は潰れる。

三基商事の突破口は、ただひとつ、三基商事に参加するにあたってメンバーに買いつけ義務を課さない商法は、取引要件五項目のうちの「特定負担」にあたらないという主張だった。さっそく大阪通産局に出向いた元幹部の粘り強い説明に、大阪通産局は折れた。しかし、ほどなくして東京の本省から三基商事に呼び出しがかかったのである。「大阪通産局はなにをやっているのか。三基商事はマルチ商法そのものではないか。ここをリストに入れずしてどうするつもりか」というのだ。

大阪通産局にしたのと同じ説明では本省は納得しないということだろう。東京の通産省での質問は、さらに細部にわたり、やりとりも緊迫したものになった。通産省は、営業所への参加条件に必要である六〇セットの一括購入を指摘して、これを販売実績の伴わない、義務的に負わせる「特定負担」だと指摘した。元幹部の説明にも、「なにをどういったところで、商品の一括購入は事実だ」ということだった。当局が重視したのは、三基商事の販売システムをどう解釈するかという問題ではなく、その「実態」にほかならなかったのである。

三基商事側は、これに対し販売伝票の存在を主張した。メンバーの販売能力は人それぞれであり、一括購入の六〇セットをもてあましてしまう人もいるが、すぐに売り抜いてしまう人もいる。後者の場合、販売のための仕入れだとみなすことはできるはずと考えた元幹部は、六〇セットを完売させた売上伝票を、段ボール箱一箱分通産省に持ち込んだ。

「ごらんください。会員さんが仕入れた商品をお客さんにきれいに販売した実績がこれです。三基商事が無理やり買わせた商品が在庫になって会員さんの暮らしを圧迫しているように見えるでしょうか」

これには通産省の担当者も唸ったという。ある種の「証拠」を提示された通産省は、三基商事の業態をグレーだと確信していたのだろうが、ブラックだと断定するには至らなかった。

結局、三基商事は公表リスト入りを免れた。先に述べた、輸入元の商社による取引停止とあわせて、二度目の大きな危機を乗り越えたことになる。いずれにしても、ミキプルーンの信用が決定的に傷つくことは回避されたわけだ。

元幹部によれば、これらの経緯により、「会社はいざというときも私たちを守ってくれる」というメンバーとの信頼関係がより深まったという。正式な雇用関係もない、メンバー個人の力に依存するこのビジネスにとって、信頼感の醸成ほど大切なものはなかったのである。

三基商事のシステム改善策

その後、三基商事はさらにシステムの改善をおこなった。

連鎖販売のもう一つの要件である「特定利益」の解消がそれである。三基商事の販売

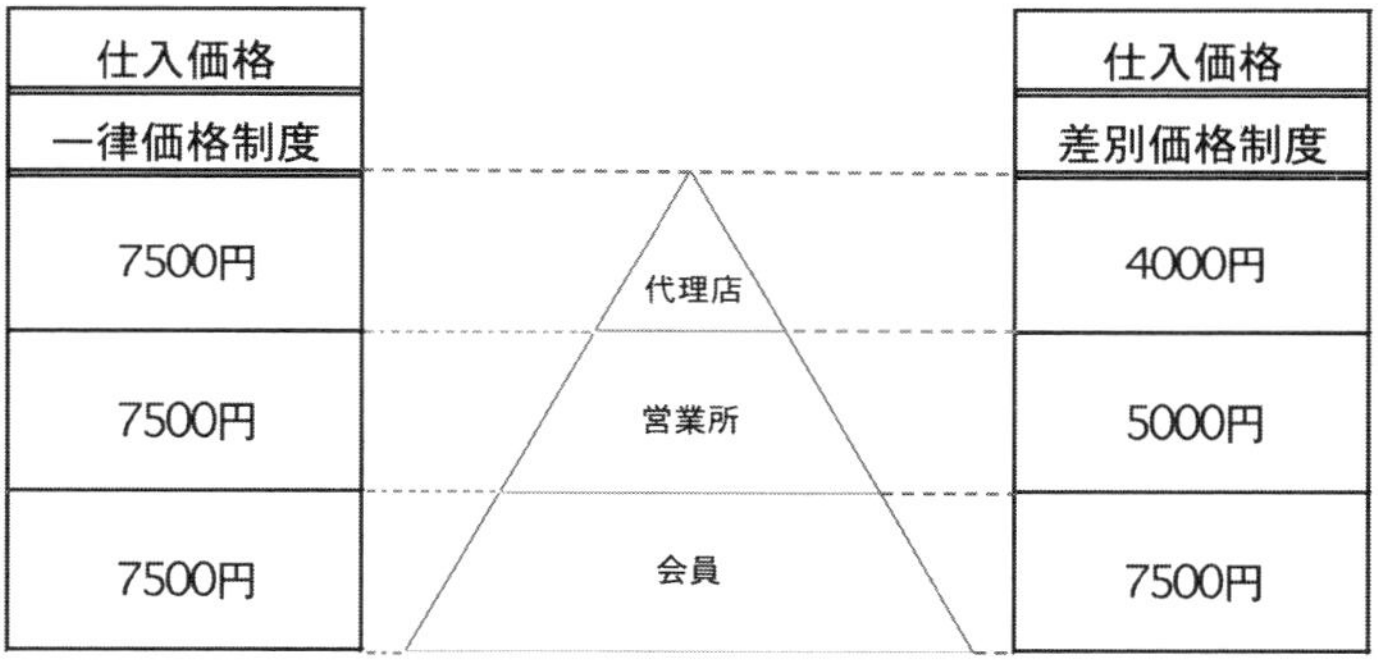

組織は、上から「代理店」「営業所」「会員」というピラミッドで構成されている。商品の仕入れ値は次のとおりで、上にいくほど有利になっている。

一セットを、一般の愛好者が会員から購入する場合は、一万円になる。仕入れ値の差が、それぞれの儲けになる。この仕組みを、「差別価格制度」という。

資料のとおり、代理店が営業所に卸す場合は、一セットあたり千円の利益。営業所が会員に卸す場合と、会員が一般の愛好者に販売する場合は、ともに二五〇〇円の利益になる。代理店の利幅を抑えているのは、仕入れの規模が営業所や会員に比べて格段に大きくなるからだ。

このルールにのっとって、ある営業所が代理店から一〇〇セットを購入したとする。現金取引なので、代理店にはすぐに一〇万円の利益が生じる。これが問題となる。この商取引は、問屋や仲卸といった外部流通業者とのあいだで成立しているわけではない。つまり、売買とはいいがたい。外からみれば、三基商事内部で流通のための手続きを踏んでいるだけで、商品はエンドユーザーにまで届いていない。こうした販売実績をともなわない儲けは「特定利益」とみなされる。

三基商事は、この「特定利益」を生じさせないために、上記の「差別価格制」を撤廃して、「一律価格制」の導入に踏み切った。つまり、代理店も営業所も一般の会員も、すべて仕入れ値は一律としたのである。

とはいえ、「特定利益」とは個人の力量にあわせて、独立採算で販売をおこなう全会員の収入そのものであり、同時にそれは強いモチベーションでもある。それをなくしてしまったら、そもそもこの事業は成り立たない。

そこで三基商事が考えたのが、バックマージン制である。お金のやりとりにはひと手間かかるが、仕入れの量に応じて一定の手数料を会社から代理店にバックするという手法だった。

ただ、これに関しては、商売の根幹を揺るがすことでもあり、会員の反発もあった。しかし、豊田商事事件の記憶がまだ新しい時期でもあり、世間的にマルチ・システムとみなされない体裁を整えていく必要も、会員たちは理解していたという。目先の儲けよりも、危機意識の方が勝ったということだろう。

マルチシステムを最も怖れていたマルチ企業

三基商事が長きにわたって成長し続け、会社組織を維持し続けてきたのか、それは「絶対に社会問題を引きおこさない」ことを最優先にしたからにほかならない。細部で意見の対立があったとしても、社長の門田氏と元幹部のあいだでも、その重要性を認めることについては、常に一致していた。

一律価格制の導入にしても、突き詰めれば販売の拡張をとるのか、安全対策をとるのかの二択だった。そして三基商事は、常に後者を選択してきた。余談になるが、門田氏や幹部社員のあいだでは、このマルチ企業らしからぬ安全経営を、「潜水艦方式」と呼んでいたという。潜水しつつ、潜望鏡をつかって常に危険を確認しながら行動を起こすということだそうだ。

社会問題を起こすということは、この業界においては、それほどまでに命取りになることだった。勢いのいい会社が、新聞沙汰になったとたん、見事に衰退していくのである。

ここまでは、マルチというシステムについての対策だが、同時に気を配っていたのが、商品そのものについてである。薬事法違反などによる行政の指導は、やはり命取りになる。

健康食品というのは、文字どおり「健康にいい（とされる）食品」であって、薬ではない。薬のように、熱が下がるとか腹痛が治まるとか、効果や効能を表示することはおろか、暗示することすらしてはいけないものである。

健康食品は、普通の食品に比べて高価だ。しかも薬ではない。その価値をどうやって理解させるかが非常に悩ましい問題になる。そこで健康食品業界がよく使う手が、「体験発表」である。三基商事でいえば、「プルーンを食べたらガンが治りました」「ビタミンCによって糖尿病を克服しました」「プロテインによって肝機能が回復しました」というたぐいの話を、体験者が実際に話すわけである。

三基商事に限らず、こんな報告会がいまも日本中で開かれているのだろう。新しい愛用者を増やしていくのに、欠かせない宣伝戦略なのだ。ただし、これは違反行為にあたる。体験者は、確かに病気に効くとはいっていない。しかし、どう聞いても、その効果を暗示している。逆にいえば、マルチ企業にとってはそれを暗示できなければ体験発表会をおこなう意味がない。

三基商事が徹底したのは、これら発表会の会場で、販売行為を一切しないことだった。薬事法の関連部分を読むと、「営利を目的として」という言葉が出てくる。つまり、体験発表と商品の販売が直接結びつかなければ、実態としては効能を暗示していたとしても。当局はそこまで厳しく対処しない。

とはいえ、現場ではどうしても、少しでも売上を伸ばしたいし、会員を増やしたい。

もっと利益が欲しい、ということになり、どうしてもそこが曖昧になってしまう場合がある。三基商事はそういう緩みが現場に現れていないか、常に厳しくチェックしていた。

業界を渡り歩く、「訪販わたり鳥」と呼ばれる人たちが、マルチ業界には少なからずいる。たとえば、アムウェイを辞めてノエビアにいき、今度はニュースキンというように、商品の卸企業をころころ替える人たちのことである。

もちろん、三基商事のメンバーにもそういう人はいる。その人がもっている組織を根こそぎ引き抜いていってしまうことになるが、会社はそれを引き留めることはできない。「代理店」という名称ではあっても、実際は個人の会員であり、フランチャイズ制をひいているわけでもないので、拘束力はないに等しい。

その人たちが「わたり」をする際に、卸企業が重なったりする状況も出てくる。つまり、二重契約のようなものである。これは、企業側にとっては重大な背信行為となる。安易にこれを認めてしまえば、他のメンバーに対するしめしもつかない。しかし、看過することはできないが、強硬な手段もとれない。三基商事の元幹部によると、「万一、相手に訴えられた場合、どのような司法判断が下されるかは微妙だ。敗訴する可能性が高い。専業手当を出すわけでもない会社側に拘束力はなく、独禁法にも抵触する可能性がある」とのことだった。

一般的にマルチ企業であれば、「わたり」を見過ごさず、有無をいわさずに首を切るのが常識らしいのだが、三基商事の対応は違った。明らかになった情報を相手に提示しながら、「あなたは他社の商品をお売りになっていますね。会社としては、これを容認するわけにはいかないのです。どちらかひとつをお選びいただけませんか」と相手に選択を任せるのだという。

なかには確信犯もいて、何度もそういうことをして慣れっこになっている人もいる。しかし、会社側からは絶対に「やめてください」とはいわない。間違っても、「お前が悪いのだから出ていけ」とはいわない。現場レベルのこういったトラブルについては、とにかく穏便にすませるというのが、三基商事のスタンスだった。事実、この幹部が在籍していた間、メンバーに解約を言い渡したことは一度もなかったはずだという。

マルチのカリスマ、門田敏量氏

現場での細々したトラブルはたくさんあった。三基商事には、こういったトラブルを、自分の裁量で処理できる幹部社員がいた。このような、ある意味会社の盾となり、泥を被る人物がいるのは、企業にとって大事なことである。

一方、社長である門田氏は、表に出て会員たちとの接点を滅多なことではもたないかわりに、経理や総務の管理、関連会社の対応に専念していたという。逆にいえば、現場レベルの幹部は、遠慮することなくのびのび仕事ができていたといい、その点については恵まれた環境にあった。

門田氏が優れていたのは、こういった現場の一切を、元幹部に任せられたことだろう。社員だけでなく、有力な代理店と会うときも、具体的にああしろこうしろとはいわなかったのだという。

創業間もないころ、門田氏は代理店に対してこういう言葉を投げかけていたという。

「わしはあほやから、なにもわからん。それでも、現場のあなたがたがしっかりしてくれたら、仕事はうまくいく。どのようにやっていきたいかはあなたがたが決めて欲しい。やりたいようにやってくれたらええんや」

経営者はバカでもいい、現場で働く人たちが判断して好きなように仕事をしてくれたら、会社は必ず発展する、ということだろう。言えそうでなかなか言えることではない。代理店や社員にしてみれば、大変に仕事がしやすく、且つやりがいの持てる環境にあった。「まかせる」「あずける」ことができるのは、できそうでできない、ひとつの才覚だった。

もうひとつ、当初から代理店とのコンセンサスによる運営を認めていたことも、門田氏の才覚のひとつであった。

三基商事には、代理店格の数は約二五〇〇人いる。そこに役員体制を敷き、たびたび現場単位の幹部会議が開かれていた。会社の考えは、まず役員会で報告される。メンバーは唯々諾々とそれを聞いているだけでなく、結構はっきりとそれぞれの意見を述べるのだという。

「会社は現場をまったく理解していない。だからそんなことがいえるのだ」という厳しい意見もどんどんぶつけられる。多少の混乱があっても、強い反発があったとしても、トップダウンでやるより、少しでも合意形成に時間をかけるべきだというのが、門田氏のスタンスだった。一〇〇パーセントとはいかないが、そこに共感があるかないかで、後々の協力がかわってくるのだ。代理店をいかに経営に巻き込むかというのが、門田氏と三基商事の考え方だった。これが、三基商事が長らく安定経営を続けていく大きな要因のひとつであった。

ただ、このコンセンサス運営も、やがて形骸化してくる。組織が大きくなるほどに、上部にものがいえない空気が醸成されていくのは、マルチ企業に限らず、組織の宿命ともいうべきものなのかもしれない。

三基商事の経営戦略

三基商事の活動に話を戻すと、もう一つ特筆すべきことがある。それは、セミナーを充実させることだった（資料：2015年度2月セミナー一覧）。

三基商事にとっては、セミナー開催は新規会員を獲得するためのシステムではなく、どちらかというと営業所等メンバーの士気を高めるための場だった。費用はかかっても、直接的な利益を生み出す場所ではない。三基商事はそれを、未来への投資と捉えていた。

メンバーが、健康や食品、あるいは食育といったものに対する高い意識を持つことが重要であり、さらにはそれが仕事への誇りに繋がる。知識をもつことによって、説得力が増し、結果として顧客を増やすことになるという考え方だ。元幹部は、「いまでも、三基商事ほど高いレベルで、食や食育に時間と資本を投下したマルチ企業はないんじゃないでしょうか」と自負する。

三基商事のセミナーの例（2015年2月度）

セミナー名		日程	講師	費用	定員
岡山セミナー	岡山	2月11日（水・祝）	辨野義己 先生	1,000	700
海老名セミナー	神奈川	2月15日（日）	島添隆雄 先生	800	1,000
三河セミナー	愛知	2月15日（日）	辨野義己 先生	3,000	1,200
横須賀セミナー	神奈川	2月16日（月）	天野 暁 先生	800	520
宮崎セミナー	宮崎	2月21日（土）	島添隆雄 先生	1,100	300
小田原セミナー	神奈川	2月22日（日）	ホルム麻植佳子 先生	800	450
新居浜セミナー	愛媛	2月22日（日）	本多京子 先生	1,200	600
浜松セミナー	静岡	3月15日（日）	島添隆雄 先生	3,500	1,000
横浜セミナー	神奈川	1班 3月22日（日）	成田奈緒子 先生	1,400	900
		2班 3月22日（日）	島添隆雄 先生	1,400	900
		3班 3月23日（月）	パイマー ヤンジン 先生	4,400	900

三基商事の配付資料より

三基商事は、じつにさまざまな社会貢献活動をおこなっている企業だが、そのひとつに、ＷＨＯ（世界保健機構）の長期プロジェクトに一億円以上のバックアップをしていたことがある。それにより、ＷＨＯの事務局長と官房長が日本人だったころ、ＷＨＯの執行理事会室を一週間も借り切ったことがある。企業としては破格の扱いである。三基商事は、ここでセミナーを繰り返しひらいた。国連の専門機関であるＷＨＯでセミナーをおこなうわけだから、代理店などメンバーにとっても、名誉であると思うものが少なくなかった。

また、講師陣には栄養学や医学に関する世界的な権威をもった学者を呼んだ。このようなセミナーを繰り返すことで、「ここまで食に熱心な企業が、生半可な商品をつくるはずはない」と参加者も思い込む。自分たちの扱う商品への自信を深め、「商品第一主義」を唱える三基商事に深く共鳴していくことになる。

第二章　三基商事の現状

日常の食生活のなかで、ごく普通に牛乳が飲まれるようになったのは、戦後のこと。もともと牛乳をつかう料理など庶民に縁がなかった時代のことだから、普及のための「大義」は、ひたすら「健康のため」だった。

豊富に含まれるカルシウムが体をつくるといった、やや一方的な「健康」推進運動を担わされた牛乳は、学校給食に採用され、瞬く間に家庭のなかに流入した。高度成長期にはチーズ、バター、ヨーグルトといった加工品もすっかりなじみの商品となった。牛乳が日本の食卓に入りはじめてわずか七〇年しかたっていないことが、いまではうそのようだ。でも最初のうちは、真っ白い液体を気味悪がり、

「ほんとうにこんなものが飲めるのか」

と後ずさりした人も多かっただろう。まるでプルーンエキスを、三基商事の経営陣が初めて見たときのように。

第一章で述べたとおり、当時三基商事はミッチャム化粧品という主力商品を薬事法違反で失い、なにか売れる商品をと探しているうちに、たまたま紹介されたのがプルーンである。もとよりそれが目的で探していたものではない。

しかし、売るとなればそのための理由がいる。門田氏は、プルーンエキスを「牛乳」にしたかったのかもしれない。だからこそ、プルーンが果たす効能についての「物語」を最初に創出している。

アメリカに出張したとき、ホテルの窓から見える広告が目にとまった。「健康食品」として消費者に愛されているというそれが、まだ日本には紹介されていなかったプルーンだったというのである。そのとき「日本でもいずれ健康に関する関心は高まるはずだ。そのとき必ずプルーンが役に立つと確信した」のだそうだ。

「朝食にプルーンを食べる家庭が増え、いずれは各戸に配達されるようにもなるだろう」とは、門田氏が自信ありげに発した言葉だという。

中井貴一を起用したコマーシャルなどで商品の知名度は高まり、売上や会員数を着々と増やし、関西では五本の指に入る高額納税企業となり、銀行筋にも知られるようになるなか、門田氏はなかば本気でそう思ったのかもしれない。

「健康食品を日本の社会に定着させるというすばらしい業績を残した三基商事の名を、教科書に一行でもとどめたい」と胸を張ったこともあるという。

すでに述べてきたとおり、創業当時はともかく、石橋を叩くような慎重な経営スタイルこそが、他のマルチ企業には真似のできない、三基商事らしさの核心だった。しかしその三基商事に、近年異変が起こっている。幹部社員の離脱、商品への疑惑などである。

安泰、盤石ということばそのままの経営を続けてきた三基商事。本章では、元社員や関係者らの証言をもとに、三基商事の現在と未来を検証してみようと思う。

企業三〇年寿命説

企業の三〇年寿命説という言葉がある。

成功した企業が、ゼロから積み上げてきた「経験値」が裏返りはじめるのが、創業三〇年ほどした頃だという。それまで成功してきた要因が、そっくり失敗の要因に変わるのだ。

「うちのやりかたはこうだったんだ」

「これまでも、こうやってきたんだ」

という経営陣の論法は、イノベーションやチャレンジの機会をことごとく摘みとってしまう。

その企業は、確かに過去、そうやって成長してきたのかもしれない。しかし、同じことをやり続けて、同じように成功できる保証はどこにもない。当たり前のことだが、経済活動をする地盤も背景も、時代とともに大きく変わっているからだ。時代に即した変革ができない組織は、だいたい行き詰まる。まして、劇的に情報のありようが変わった現代においてをや、である。

それはマルチ企業あっても同じことだ。三基商事に長く勤めた元幹部にも思い当たることがたくさんあるという。

さまざまな制度疲労を露呈しはじめる一番の要因は、人材の老朽化だ。三基商事の場合、それは二つあって、一つは経営陣、もう一つは代理店や営業所の組織である。

企業三〇年寿命説に即して考えれば、たとえば二五歳で仕事をはじめた人が、五五歳に達するころ、なんらかの問題が表面化してくることになる。頭が固くなって発想がなくなったり、気力や体力が落ちたりする。働く人の体が老いるのと同じことが、組織に起こるのは当然ともいえる。

三基商事特有のシステム

第一章で述べたように、三基商事はさまざまな組織改革を自らおこなってきた。そのなかに、「一律価格制度」というものがある。繰り返しになるが、もう一度かいつまんで説明しておこう。

「一律価格制度」とは、商品の仕入れ値を、ピラミッド組織の上部に位置する代理店、中間にある営業所、下部にある会員ともに、まったく同価格にするシステムである。

ただしこのシステムは、代理店や営業所であることの意味がまったくない。仕入れ値と卸値が同じなら、下部組織にいくら商品を卸しても上部が潤わないので、本来マルチ・システムのうまみであるピラミッド上の地位に魅力がなくなってしまうわけである。三基商事の一律価格制度を成立させているのは、「バックマージン」の存在である。

つまり会社は手数料込みの高値で、いったん代理店に商品を卸す。そして入金後に、代理店が本来の差別価格制度下で確保してきた手数料を、「援助金」というかたちで返金するのである。その援助金の一部を、今度は代理店が営業所に返金する。さらに、営業所と会員の間でも同じようにする。

多少ややこしいが、つまりは返金された手数料が、ピラミッドの上部から下部へしたたり落ちるような構造になっている。援助金とは、代理店や営業所への、いわば給料にあたるようなものである。

ただ、ここにある問題が生じた。それが消費税の導入である。

日本に消費税が導入されたのは、一九八九年四月のことである。当初の税率は三パーセントだった。このとき、三基商事はその三パーセントを内税にした。つまり商品価格は税込である。なので、代理店以下営業所も会員も、あまり消費税を意識する必要がなかったという。「援助金」もこれまでどおりだった。

やがて一九九七年に消費税は五パーセントにあがった。これにより、三基商事は税処理に新しいルールをつくった。これまでどおり三パーセントは内税とするが、残り二パーセント分は外税としたのである。ミキプルーンでいえば、それまで一セット七五〇〇円だった卸値が、二パーセント分が加算されて七六五〇円となった。つまり、代理店は一五〇円分を負担することになったわけだが、三基商事は従来の援助金に二〇〇円上乗せして支払うことで、従来の利益を保証するという手立てをとった。

さらに、二〇一四年には消費税八パーセントの時代になる。三基商事は、このときも五パーセント時代のルールを引き継いだ。そうすると、一セットの卸値は七八七五円になる。三基商事は、二十五円を値引きし七八五十円としたが、代理店・営業所は、二〇〇円の負担を強いられることになった。

これに対し三基商事は援助金の増額で対応したのだが、上乗せは一〇〇円にとどまった。取引量の多い代理店になればなるほど、この金額は小さくない。

代理店の受取援助金が給与ならば、会社が源泉徴収しなければならないが、援助金は商品代金の売上割戻しの為、援助金に八％の消費税を上乗せしなければならないのに粉飾し、消費税を代理店に支払わない対応をとった。

消費税のゆがみは、下部組織にも及ぶ。代理店と営業所、会員の関係は、三基商事の

三基商事の販売システム（2014年時点）

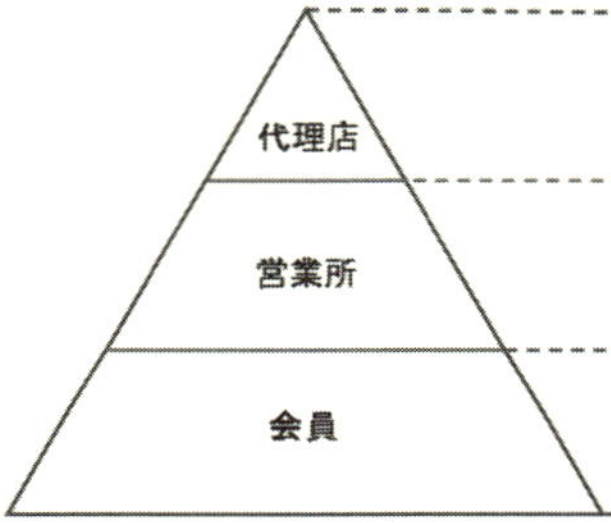

仕入価格	援助金	実質価格
7850円／セット	4200円／セット	3650円／セット
7850円／セット	2500円〜2800円／セット	5050円〜5350円／セット
7850円／セット	1000円／セット	6850円／セット

商品を扱う緩やかな連合体である。決済は、三基商事のつくったルールにのっとって、それぞれの信用に基づいておこなわれている。

本来であれば、仕入れにかかった消費税分は売値にも反映されるわけだから、代理店から営業所への返金時にも、消費税分が加算されないといけない。ところがこれが放置されてしまったのである。

この仕組みを正すこともできたはずだが、いったんできあがってしまった慣習をかえることは案外難しい。しかも、これでは消費税が上がるたびに、メンバーの「もちだし」分が増えていくことになる。売上の増減とはまた別のところで、これまでもらえていた援助金という名目の「給与」が目減りするという減少が起きてきたのである。

実際、現場を歩く社員には、このことに気づいたメンバーから、「なんとかしてくださいよ」という声が聞こえるようになったという。「一律価格制度」と「バックマージン制度」は、三基商事が監督官庁への対策として導入した大胆な一手ではあったが、もともと消費税を前提にしたシステムではなかったのである。

三基商事の販売促進戦略

三基商事には、キャンペーン制度というものがある。名称は違っても、ほかの多くのマルチ企業でもおこなっている、基本的な販売システムの一つである。キャンペーンとは、代理店などの販売意欲をかき立て、より高い目標に向かっていくための刺激である。普通の企業における賞与や特別手当のようなものと考えてもいいが、会員との雇用契約がないマルチ企業の場合は、その内容がかなり即物的である。

三基商事でいえば、会員にもっとも喜ばれたキャンペーンは、豪華な海外旅行への優待だという。たとえば七二〇万円分の商品を仕入れた人には、アメリカの農園ツアーがついてくる、といった具合である。ただしそれだけでは旅行代理店が企画するツアーとそんなに違いはないから、参加者をびっくりさせるイベントを用意するのだという。

その内容がなかなかすごい。アメリカではビル・クリントン元大統領の講演を実現させ、パリではベルサイユ宮殿を貸り切ってのパーティを催したという。そのほか、海外の豪華ホテルを貸り切るなどは珍しくなかった。

国内イベントへの招待もあった。こちらは一六〇万円分の仕入れ実績がその条件だったという。ディナーには歌手やタレントを招き、国内の著名な歌手で呼んでいない人はいないというぐらいだった。

これらの「キャンペーン」にあずかれるのは、一定以上の仕入れ実績がある人たちである。つまり、そこに参加するということは、それだけで優秀なメンバーということになる。だから、無理をしてでも、次のキャンペーンの一員になることを目指して頑張ろうということになる。ただ、傘下のメンバーが常に増え続け、商品の売り上げが伸び続けるわけではないので、頑張るといっても限界がある。

この場合危険なのは、営業所が「売った」結果ではなく、「仕入れた」結果で評価されているというところである。大量に仕入れるということは大量の在庫を抱えることでもある。ミキプルーンの賞味期限は二年だから、それを越えた時点で在庫の価値はなくなるわけである。

しかし、会社側からすれば、これら「無理のある大量仕入れ」が大きな収益の元でもある。むしろ続けてもらいたい。そのために作った制度が「商品の預かり制度」である。たとえば海外旅行優待のために七二〇万円分の商品を仕入れたとする。営業所はその全量を代理店に預けておく。商品が必要になった時に、必要な分だけ引き取ればよいのである。代理店は営業所から預かった分を会社に預ける。会社は商品を預かるのではなく、商品代金を預かるのである。

営業所はキャンペーンに該当するために名目上代理店から仕入れをし、商品は受け取らない。会社に預かってもらうかたちにするので、膨大な在庫と賞味期限の心配もなく、思い切った仕入れが可能になるのだ。

会社側からしても、必要以上の在庫をもたないのは利点がある。伸び盛りの一時期を除けば、年間の商品出荷量はさほどの増減はない。決まった人から決まったメンバーが対面で商品を受け取るマルチのシステムは、景気や流行、競合他社との価格競争などの影響をあまり受けずに、高価な商品を安定的に流通させることには優れている。逆に、社会的な影響をあまり受けないので、爆発的ヒットを飛ばすこともない、いわばサイレントな商品でもある。つまり、年間の流通量もあまり誤差なく見積もることが可能であり、生産量の管理はしやすいのだ。

預かり制度の問題点

預かり制度は、会社の実態としては預かり金であるが、営業所の売上がキャンペーンへの該当条件になるので、代理店は売上として会社に計上してもらう。しかし、結局は預かり金の状態であり、商品の引き渡しも仕入れも生産もない、会社にとってある意味合理的な集金システムである。

メンバーにとっても会社にとってもいいことづくめのように聞こえるが、これがメンバーと会社双方の収支で見てみると、問題点は一目瞭然である。

代理店や営業所は、商品を必要な分だけ引き出していく。仮に、一部の商品を引きだしたとする。その場合、残りはほとんど商品にはならず、商品を預けっぱなしになる。言い方を変えればこれはカラ売りであり、預かったお金で会社はおおいに潤うことになる。一方の代理店や営業所は、大金を預けることになるので、資金繰りが苦しくなり、過剰在庫と資金不足に陥ることもある。

会社と代理店だけでなく、代理店と営業所の間にも、この預かり制度は存在する。代理店の預かりのほとんどは営業所からのものだが、代理店の中には、表彰を受けるためや資格手当を受給するために、自分自身でこの預かり制度を利用して会社に商品を預けている人もいる。

極端なケースだと、預かり制度で預けている数量が、本人の平均販売実績と比較すると、三八〇年分の在庫を抱えていることになっている人もいる。おそらく、一生かけても販売しきれないだろう。しかもお金は会社に預けたままになっており、金利も払ってもらえず、数十年間預け続けた状態になっている人もいる。

少し本題からはそれるが、こんな話もある。

預けをしている営業所の中には高齢者も多い。その人が亡くなった時に、本人の預金がなく、家族が調べると、その人が大量の商品を仕入れて、その代金が預金通帳から払い出されていたことがわかった。しかし、商品が自宅にないため、さらに調べてみると、代理店が商品の売上代金としてそのお金を預かっていることがわかった。会社に問い合わせてみると、そもそも会社はそのことを知らなかったという。

つまり、代理店が営業所から預かりを会社に預けず、使い込んでしまっているというケースだった。会社はその事実を把握していなかった。営業所からの預かり金の処理は代理店任せになっているので、問題が生じて初めて発覚することになるのだ。

現実には、この「商品預かり制度」が、キャンペーンと一体になって、営業所の過剰在庫の温床となっている、また、代理店の使い込みといったトラブルも起こりやすくなる。会社は潤うが、代理店や営業所といったメンバーの力は徐々に衰退していき、長期

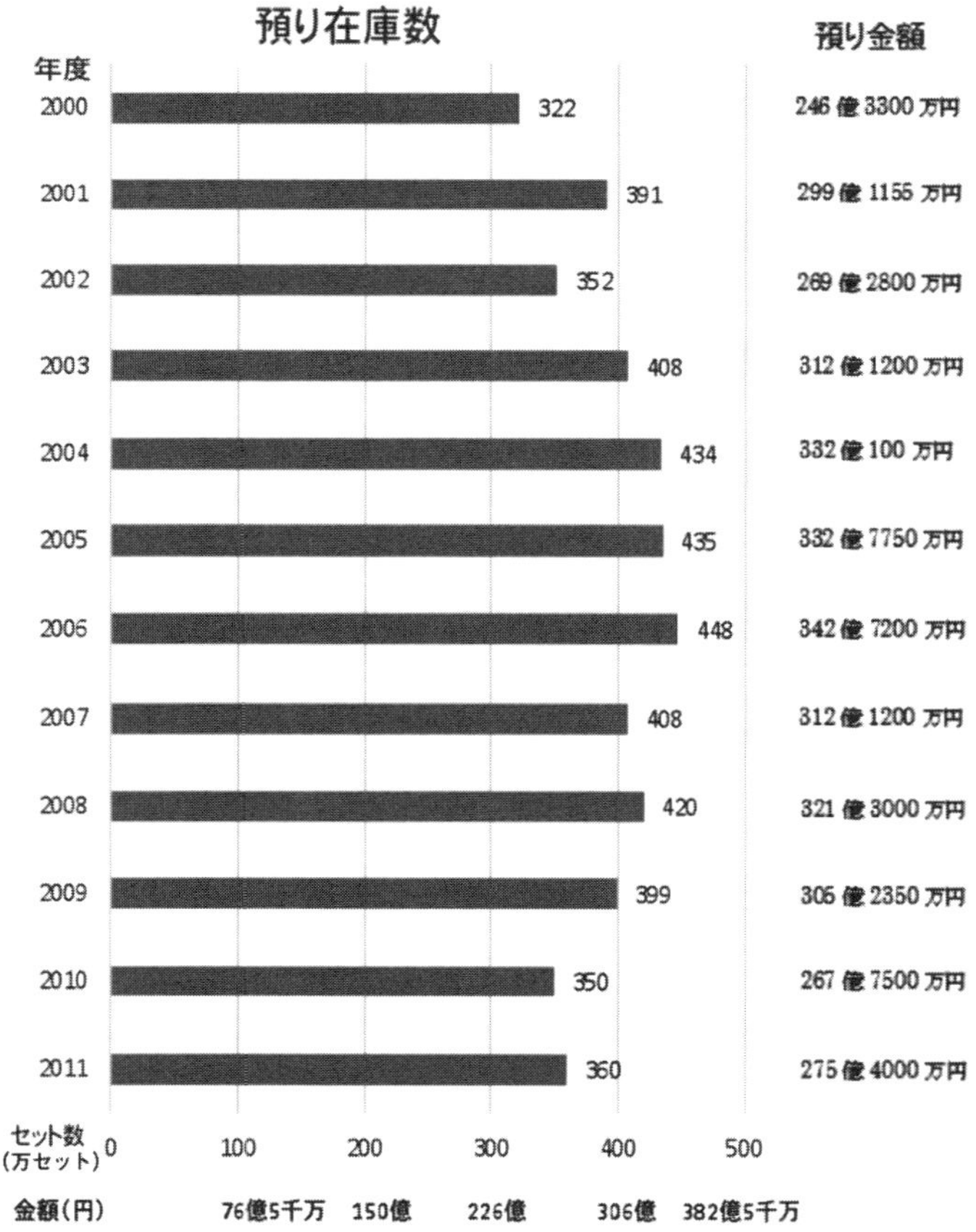
預り在庫数
預り金額
年度
2000
322
246億3300万円
2001
391
299億1155万円
2002
352
269億2800万円
2003
408
312億1200万円
2004
434
332億100万円
2005
435
332億7750万円
2006
448
342億7200万円
2007
408
312億1200万円
2008
420
321億3000万円
2009
399
305億2350万円
2010
350
267億7500万円
2011
360
275億4000万円
セット数（万セット）
0
100
200
300
400
500
金額（円）
76億5千万
150億
226億
306億
382億5千万

的にみれば会社をも衰退させていくことは間違いない。

また、この制度が社会問題になる可能性も否定できない。二〇一一年に安愚楽牧場が破綻したが、問題となったのは、商品代金を預かっているにもかかわらず、商品を生産せず、お金だけを預かりそれを運用していたことだった。これを機に、それを取り締まる特定商品預託法が、国民生活センターへの申し出の多い健康食品にも適用の範囲が広げられた。三基商事にとっても他人事ではなくなったのである。

それに加えて、キャンペーンに代表される「インセンティブ」の魅力も時代とともに低下してきた。三基商事がなるべく多くの営業所がこの制度にあやかれるようにと「商品の預かり制度」を整えたのが、いまからおよそ三〇年ほど前である。高度経済成長からバブルに繋がっていった時代だ。生活水準は高ければ高いほどよいとされ、遊びも派手なほど格好がよかった。

しかし、バブル崩壊以降の長い経済の停滞のなかで、世の価値観はどんどん多様化していった。「豪華」であればよいとされていた旅行の楽しみ方も、「お手ごろ」や「個別化」といったキーワードが先に出てくるようになった。こうしたニーズを受けて、ツ

キャンペーンの内容

年度	2月～4月 春キャンペーン	営業所 該当人数	年間キャンペーン	営業所 該当人数	国内イベント	営業所 該当人数
2000	ヨーロッパ(ベルサイユ宮殿)	3,848	ハワイ	2,179	東京　大阪 名古屋　福岡	8,604
2001	アメリカ(農園・クリントン)	6,820			東京　大阪 名古屋　福岡	8,963
2002	沖縄・北海道	5,833	ニュージーランド	2,223	東京　大阪 名古屋　福岡	9,227
2003	ヨーロッパ(ルーブル)	6,833			東京　大阪 名古屋　福岡	9,929
2004	アメリカ(農園・植樹)	5,561	バンコク	1,431	東京　大阪 名古屋　福岡	8,358
2005	ヨーロッパ(WHO・国連)	5,376			東京　大阪 名古屋　福岡	9,254
2006	アメリカ(農園・植樹)	4,929			東京　大阪 名古屋　福岡	9,691
2007	オーストラリア・ドバイ	2,166	バーデン　バーデン	3,144	東京　大阪 名古屋　福岡	9,324
2008	イスタンブール	4,395			東京　大阪 名古屋　福岡	8,816
2009	アメリカ(農園)	4,755			東京　大阪 名古屋　福岡	8,936
2010	マカオ	2,915	ヨーロッパ	2,715	東京　大阪 名古屋　福岡	8,316
2011	シンガポール	3,600	アメリカ　(農園)	2,000	東京　大阪 名古屋　福岡	8,300

アー商品も安くなり、選択肢はどんどん増えていった。

それまで、豪華キャンペーンのために頑張っていた営業所も、そのために無理をするぐらいなら、自分の余力に見合った旅行や楽しみ方を自分で選んだほうがいいということになってきたのである。少なくとも、リスクの高い大量の商品仕入れによる豪華旅行が魅力でなくなってきたのは事実だろう。

加えて、何十年も同じことをくりかえしているうちに、キャンペーンなどの内容もマンネリ化する。インセンティブが、もはやその意味をもたなくなってきているのである。

離脱する代理店

ミキプルーンによって急成長し、安定経営を誇ってきた三基商事だが、この一〇年あまり、利益が出なくなって「もうやっていかれない」と、契約関係を打ち切る代理店がぽつぽつ出はじめてきているという。

現場をまわる元社員によれば、メンバーから、

「代理店あっての三基商事じゃないですか。自分たちがこんなに苦しい状況にあるのに、会社はどうしてなにも変えようとしないんですか」

という苦言をぶつけられることが増えたという。

会社に不満があったり、資金繰りが苦しくなったり、さまざまな理由で消えていく代理店は常にある。一方で、顧客を増やし、代理店に昇格してくる営業所もある。代理店が離れていくこと自体は珍しいことではない。

ただ、その元社員が危機感を覚えたのは、そのバランスがあきらかに崩れてきたことだった。消えていく代理店のほうが、確実に増えてきていたからだ。

マルチ企業の規模とはすなわち、代理店の数そのものだといっていいだろう。それが減っているということは、会社の規模が縮小しはじめているということにほかならないのである。

会社にとってのコストアップで代理店を守れ

こういった状況に際して、三基商事はどのような対策をとっていたのだろう。別の元幹部社員に話を聞くと、こういった状況を見かねて、経営上の問題点を十数項目にまとめ、門田氏に書面で差し出したことがあるという。その主な内容は、卸値の価格設定のルールを変えることだった。

三基商事はそれまで、代理店に返金する「援助金」を加算した額（グロス）で商品を卸してきた。つまり、卸値である七八五〇〇円（一セット）には、あらかじめ代理店に支払う手数料四二〇〇〇円が含まれている。つまり、会社にとっての正味（ネット）の売上げは、返金分を差し引いた三六五〇〇円になる。それであれば、最初から三六五〇〇円で商品を卸せばいいんじゃないか、という提案だった。そうすれば代理店の資金繰りも楽になるし、消費税への風当たりもいくぶん和らぐはずだし、会社にとっても実質的な損失があるわけでもない。

この提案に、門田氏は渋い顔をしたという。その理由は、売り上げ、という「見た目」にあった。

卸価格を下げれば、三基商事にとっては減収というかたちで帳簿に現れる。たとえば年間一〇〇〇万セットの商品が売れたとする。もとのグロス・ルールだとおよそ七八五億円の売り上げになるが、ネット・ルールを採用した場合、売り上げは三六五億円ほどにまで目減りしてしまうのである。

年間八〇〇億円近くを売り上げる三基商事は、関西の有力企業の一角である。会員組織からこれだけの額を現金で吸収できる企業は、まずほかには見あたらないといっていいだろう。

これだけ強力な販売組織をもつ三基商事の創業者、門田氏は、取引のある銀行筋からも、

「カリスマ経営者」

と手放しで賞賛されてきた。三基商事の役員に三菱東京ＵＦＪ銀行の退職者が多数天

下っているのも、三基商事の集金力が魅力だということの裏返しだ。これら経済界の評価が、門田氏にとってはなによりも名誉なことだったのだろうか。なのに今さら売り上げを半分に落とすことなど、彼のプライドが許さなかったのだろう。

元幹部社員の提言には、代理店を立てなおし、さらには増やしていくという目論見があったという。短期的に売上は減っても、長期的にみれば弱りはじめた会社の足腰をケアすることは必要だと考えたのだ。これを否定するからには、門田氏にも、提言を蹴ることによって拓ける合理的な展望がなければいけない。しかし、門田氏は最後まで帳簿上の数字を理由に、渋い顔をするばかりであった。

三基商事の経営バランス

いうなれば経理方であった門田氏に対し、この元幹部は営業方であった。現場の社員や代理店などメンバーからの要望を吸収する立場にあった。どうしても、提言の内容は会社の儲けを削ってでも現場のために改善して欲しい、という内容になることが多かった。

とくに、元幹部の主張した「商品の預かり制度」「消費税」の二点については、そのままでは搾取型の利益構造を存続させてしまうことになる。会社と一部の有力代理店にばかり利益が集中する仕組みを抜本的に変えなければ、契約を打ち切る代理店が増えてきているということにあらわれているように、収益の分配システムの悪さを物語っている。ここに大胆に手を入れない限り、組織の衰退はとまらないという元幹部の主張は、少なくとも間違ってはいないように思える。

とはいえ、とくにシステムのことになると巨額の利害がからむので、だいたい門田氏と元幹部の考え方は相反することが多かったという。

元幹部が「社長、大事な話があるのですが」と門田氏に持ちかけると、だいたいやっかいごとに出くわしたかのような困惑の表情を浮かべることが多かったという。門田氏は、一円たりとも会社の収益を減らしたくはない。元幹部は、「社長、いまここを直さなかったら組織にひびが入りますよ。アリの一穴から崩壊ははじまります。タカをくくっていると大変なことになりますよ」と、迫っていたという。

門田氏は、保身や自己都合、私腹を肥やすといった狙いがあるかどうかをまず見極めて、ようやく提言の中身に目を通した。

創業者と幹部社員のあいだの話としては、一般の企業にもよくあることだろうが、門田氏は、この卸価格の改定についてだけは、頑として首を縦に振らなかった。

この件で会社の制度疲労をみてとった元幹部は、これ以降、門田氏に厳しい提言をしなくなっていった。

組織の高齢化

組織の制度疲労ももちろんだが、深刻になりはじめていたのが、高齢化だった。ミキプルーンによって一代で会社を大きくしてきた経営陣も、その担い手となった代理店も、歳をとった。

三基商事には代理店役員制度というものがある。まず、優秀な営業実績のある七人の理事の下に、参与を一三人、その下に参事を三十数人おいている。

そこにさらに地区代表者が連なるという構造だ。文字どおりのピラミッド型である。その理事の平均年齢はすでに八〇歳にちかくなり、参与でも七〇代前半。地区代表者がかろうじて六〇代後半にとどまっている状況だという。世の少子高齢化が色濃く出てしまう構造になっている。

かつてのように、若い会員の増加を期待することは難しい。少子高齢化に加え、ものを購入する手段や動機は、確実に変化している。閉じられた組織の中で、決して安くはない健康食品をやりとりする最大のメリットは、ほかの販売形態にはない対面によるコミュニケーションの楽しさと、組織が拡大し自分も大きな収益をあげられるようになるんじゃないかという期待値の大きさである。

ところがインターネットの発達した現在、コミュニケーションのかたちそのものが変化し、健康食品にしても簡単に個人輸入ができるようになった。購買の選択肢が増えていくなかで、対面によるコミュニケーションがビジネスとして機能する余地は、以前より確実に狭まっているとみていいだろう。

マルチ・システムにおける世代交代のむずかしさとは

高齢化の例としてこの業界で顕在化してきたのが、世代交代のつまづきである。たとえば、かなりの有力代理店の女性が、高齢のために引退を考え、後釜に娘を据えようとする。代理店の権利を息子や娘に譲ることは、三基商事でも制度上認められている。仕入れ量に応じた「援助金」。さらには教育指導料に相当する「資格手当」などの支給は、後継者にも保証されている。

ところが、下部のメンバーに対して、その娘さんが「今日から私が代理店になりました。よろしくお願いします」といったところで、組織が同じようにまわるかというと、そうはいかないのである。マルチ業界では、濃密な人間関係がそのまま販売拡張のモチベーションになっている傾向が強い。既存の組織づくりになんら貢献してこなかった娘さんがいきなりあらわれても、下の営業所や会員が「ああそうですか」と従うかというと、そう簡単にはいかないのである。

これが一般の会社であれば、そもそもが雇用関係で成り立っているので、部長が交代したとしてもそれまでどおりに仕事は継続していく。昨今では経営者そのものがかわることも、珍しくない。キープレイヤーが転出したとしても、常に誰かれと入れ替わっていくのが当たり前なので、残った人間が人事のイレギュラーに対応する術は、組織として共有されている。

ところが、雇用契約もなく、人間関係だけで成り立っているマルチ業界にあっては、誰かが抜けたとしてその穴をすぐに別の人が埋める、ということにはなりにくいのである。人材の代わりがききにくいのだ。

三基商事にしても、高齢化による行き詰まりは当然ある。長年業績をあげ続けてきたとしても、組織の持続性や未来について考えてこなかったツケは、必ずまわってくる。

三基商事の後継者問題

代理店などメンバーと同じく、経営陣も歳をとる。歳をとった創業者が次の世代に経営のバトンを渡せない。それがための混乱は、なにも三基商事に限ったことではない。規模の大小を問わず、あちこちの企業で見受けられることだ。

七〇代半ばになった門田氏には、夫人の連れ子である長男と、実子である次男がいる。もともと家族経営だったからか、門田氏はどちらかというと次男に会社を継がせたかったようだ。そのためか、幹部社員に次男の教育係を頼んできたこともあるという。その幹部は、快く引き受けたそうだが、最初から幹部待遇で会社に入れることには難色を示したという。

「どこかに勉強にだしたほうがいいのではないでしょうか。ほかの会社のやり方を知っておくことも大事ですから」と意見を述べた。それに対し門田氏はこう答えたという。

「いまは他人の会社のメシを喰わせて学ばせる時代ではない。関西のほかの経営者にしても、みんな最初から自分の会社に入れている」

ところが、門田氏の次男はなかなかの好青年だったというが、自ら望んだ道ではなかったからか、やがて出社しなくなってしまった。

家族経営の限界

かわって登場したのが、門田氏の夫人だった。冒頭に述べたように、三基商事のルーツは、夫人の化粧品販売にある。とはいえ、それはミキプルーン発売の数年前の話であり、ミキプルーン以前と以降の三基商事は、まったく別の会社といってもいい。そこに、夫人があらわれ、突然企業トップ然としての振る舞いをはじめたのだという。無謀な話ではあるが、夫人からはそういった意識はあまり感じられなかったという。むしろ、門田氏に訪問販売のイロハを教え、ビジネスの手ほどきをしたのは自分だという自負すら感じられたそうだ。

同族経営による企業の混乱は、必ずしも三基商事に限ったことではない。ただ、会員数五〇万人、年商が八〇〇億円になろうかという優良企業なのにも関わらず、家庭内の事情が経営に入り込んでしまったことに、三基商事のつたなさがあったのかもしれない。次男だけではなく、門田氏が幹部として迎え入れた人間は、そのほとんどが育ちきることなく会社を去っていった。その空席だらけの経営トップの部屋に、夫人が入ってきたのである。

いきなり経営の場に入ってきた夫人がこだわったのが、新規ビジネスの開拓だった。薬事法違反という予期せぬ原因で撤退に追い込まれたとはいえ、かつて化粧品販売でめざましい業績を上げたやり方を、再びよみがえらせようという思いがあったのだろうか。夫人は、化粧品をミキプルーンにかわる主力商品としてよみがえらせようと、経営の主導権をとろうとした。これは、四〇年にわたって健康食品を扱って大きくなってきた三基商事にとっては、大変な路線転換といえるものである。

確かに、商品の多角化はとり得る一つの方向ではある。ミキプルーンをはじめとした健康食品への依存度を下げるのは、理論上はリスクの分散になるだろう。しかし一方では、疲弊しはじめた組織と市場の動向を考慮すれば、異分野の商品を抱え込むことは、リスクにも繋がる。

アイテム数を絞る三基商事の戦略

元社員に聞いた、興味深い話がある。

ミキプルーンの販売が軌道に乗りはじめたころのこと、その社員がアメリカのマルチ企業を視察していて、それらの企業から決まって受けた質問があった。

「三基商事は、どうしてそんなに少ない商品数でやっていけるんですか？」

というものだったという。

アメリカでも最大手のマルチ企業である、アムウェイやニュースキンの経営者が最も注目したのが、三基商事のアイテム数の少なさだったのだ。

今でこそ三基商事の商品は数十種類に増えているが、もともとはミキプルーンを中心としてミキバイオCなど四種類に絞られていた。一方のアムウェイやニュースキンは、数十種類のアイテムを常に扱っていた。新規の会員を発掘するために、アイテム数を増やすのは欠かせない企業努力でもある。

ではなぜ、三基商事はたった四種類の商品で会員数を増やし、高収益を保ってきたのか。それは、代理店をはじめとしたメンバーの、特異ともいっていい組織力だったにほかならない。かりに三基商事が多品種展開をしたときに、組織に有利となるか負荷となるか、それは一概にはいえない。

ただ、マルチ発祥の地であるアメリカとのマーケットと、まったく同じに考えられないことだけはいえる。販売システムは同じだったとしても、会員が心地よいと感じるコミュニティのありかたも、安心できるビジネスのスタイルも、やはりアメリカとは違うのである。むしろそこが、三基商事のみがもつ、独特のビジネススタイルだったのかもしれない。

夫人の経営参画による経営の混乱

日本におけるマルチ・システムや訪問販売の世界でも、昨今は多角化や多品種化が進んできている。もともとは化粧品が専門だったポーラやメナード、ノエビアといった企業が、三基商事とは逆に、健康食品に手を広げているのがその一例だ。これまで化粧品だけをすすめてきた客に、ほかの商品もすすめるということだろう。アイテム数が増えればそれぞれの購入額も増えるという、アメリカ型の販売戦略である。それはそれで効率的であるようにも思える。

ただ、マルチ業界の人間に話を聞くと、「どこも思うように売り上げを伸ばしていないのではないか」という答えだった。これまで化粧品で成長してきた会社が、健康食品で稼ぐという、業態を替えるまでには成長していないというのだ。

「本木に勝る末木なし」ということわざがある。三基商事においてもそれは同様だ。化粧品の取り扱いはあったが、それは「化粧品も欲しい」という会員のニーズに応えていくという程度の力の入れ具合だった。同社の化粧品の売上額はおよそ八〇億円、全体の一割程度だった。

ところが、新たに経営に加わった夫人は、この数字がおおいに不満だったという。「なぜ化粧品部門がこんなに低調なのだ」と、陣頭指揮をとりはじめたのだ。三基商事の組織力をもってすれば、化粧品に力を入れることで売り上げを伸ばせるのだろうか、もちろんその結果はわからない。

いくら家族経営の会社だとはいっても、この方針転換に反発する幹部社員はいた。「思いつきで組織を振りまわすことはできません。門田社長の決断ならばともかく、指揮権をもっていない奥さんがやりたいように会社を動かそうとすれば、組織は大混乱します。双頭体制は会社を滅ぼしかねません」

その幹部はこういう。「これまでも化粧品は扱ってきたのだから、そのこと自体はなんら問題はありません。ただ、そのために健康食品部門を圧迫するようなことになれば、会社にとっては致命傷になります。いま、組織がただでさえ往時の活気を失いはじめている。人間でいえば成人病であり、老化といえる状況です。そういう人にカンフル剤を打ったり手術を施しても、根本的な治療になりません。まずは生活習慣からなおしていくしかないのです」

いずれにしても、これまでトップの門田氏と、それを支えてきた幹部との絶妙のバランスの上に成り立っていた経営のさじ加減とでもいうべきものが、夫人の登場によって狂いはじめてきたのである。

家族経営には珍しくないトラブルなのかもしれないが、こういった状況を収集できるのは、トップの態度にほかならない。ところが、門田氏は夫人を制御する術をもたなかったという。夫人の会社への不満がそっくり家庭に持ち込まれる状況にまいってしまったのか、「すこしは女房のいうことを聞いてくれんか。毎日寝るまで責め立てられてわしもかなわんのや」と、逆に社員を説得するような状況だった。

その表情には、「カリスマ」とまでいわれた経営者の威厳も責任感もみられなかったという。夫人にひたすら従順な、ビジネスマンではなく家庭人の疲れ具合を見せつけられた幹部は、ただただ失望するだけだった。

ここへきて腹をくくった幹部社員は、夫人の経営参画を止めることができなければ、身を引く覚悟であることを門田氏に伝えた。これらの動きにさすがに危機感を感じたのだろう。門田氏は、自ら夫人の手綱を引くことを約束したという。

しかし、結果的にこの約束が守られることはなかった。やがて重箱の隅をつつくようなマネジメントがはじまり、夫人に追従しないものは能力の有無に関係なく、左遷をおこなうなどの人事が本社を襲ったのである。

三基商事をはじめとして、ミキグループはかつて「商品第一主義」「お客様中心主義」「心から心へ」を経営方針のすべてと言い続けてきていた。これらの言葉も、やがてすべての印刷物からも省かれるようになってしまったという。

三基商事崩壊への序曲

その後、この幹部を含め何人かの役員が退社し、プロパーの役員はいなくなった。銀行から天下ってきた役員と、門田氏、実権を握ろうとする夫人の双頭体制でいまの三基商事は動いているという。

このような本社のごたごたを、代理店や営業所、会員の方はどう受け止めているのだろうか？　すでに述べたが、三基商事の会員の多くは、女性であり、普通の主婦たちである。三基商事の創業から四〇年を経た今、彼女たちの平均年齢は六五歳を超えると言われている。

そんな人たちの、健康や幸せに対する純粋な欲求から生まれた三基商事の商品への愛着、そしてその商品をみずからが売って広めることで社会をよくしたいという信念、なおかつ、自分も経済的に豊かになれるという希望が、三基商事を繁栄させてきた原動力だった。

ところがここへ来て、そんな彼女たちの間にさまざまなうわさが流れるようになり、一部で動揺が走っているというのだ。いくつか挙げてみよう。

- 国産と称していた商品の原料が、実は中国産だった。
- ミキプルーンから発がん性物質が検出されたが、会社はそれを公表していない。
- ミキバイオCにつかわれているビタミンCは、天然由来のものではなく合成されたものである。
- 門田氏が、ファミリー企業に利益を横流しして私腹を肥やしている。
- 門田氏が、会社の資金を他の事業に流用して失敗している。
- 夫人の経営参画により幹部社員が流出している

等々である。

「薬事法すれすれの強引な勧誘をおこなっている」「ミキは宗教じみている」などのう

わさとはわけが違う。あきらかに内部事情であり、おそらくは社外秘であろう内容が含まれたうわさである。

比較的閉じられた組織の中から、このようなうわさが出てくること自体、異常なことである。

次章では、三基商事の代理店や元社員に直接話を聞き、今三基商事でなにが起こっているのか、現場はそれに対してどのように考えているのかを検証してみたい。

第三章

三基商事関係者の証言

三基商事の関係者となんどか会うことができた。

本書では、その中から四人の証言をとりあげてみたいと思う。

一人目は、地道に健康運動をしている代理店の方である。

二人目は、現役の代理店として活躍する方だ。コツコツ組織を積み上げてきて、営業所から代理店に昇格した、三基商事のなかでも有力なメンバーの一人だという。

三人目は、すでに退社した元社員である。三基商事のなかで、派閥にも近寄らず、大過なく仕事をまっとうした数少ない人材と聞いた。この方は別業界からの転職組で、一般の小売業界を知る彼の目に映ったマルチ業界とはどのようなものだったかを話してくれた。

彼ら彼女らの話は三者三様だが、共通していたのは、商品の安全性に対する高い関心だった。

そして、四人目は三基商事の元幹部社員である。三基商品の実情について知ることができる人物だった。

代理店Aさん

わたしはミキを信じ、ミキを愛し、地道に健康運動をしてきました。

そんな私にある日、発信者名のない、一通の文書が送られてきました。ほかの代理店にもそれは送られてきたそうです。昨年の冬のことです。

五枚綴りの文書でしたが、わたしは二枚目を読んで早くも卒倒してしまいました。三基商事のサプリメントには欠陥があるという内容だったからです。

会社の看板商品であるミキプルーンに、発がん性物質が含まれていると書いてあるのです。思わず自分の目を疑いました。なにかの間違いだろうという気持ちもわいてきて、混乱しました。その文書には、これも発売から三〇年以上になるというミキバイオCに使われているビタミンCが、ローズヒップから抽出した天然物ではなくて、合成のアスコルビン酸であるとも書いてありました。

別にそれが体によくないというわけじゃないんでしょうけど、アスコルビン酸でしたら、せいぜい一瓶二〇〇円ぐらいのものでしょう。それがうちでは二〇倍以上の四五〇〇円ですから、それがほんとうだとしたら、わたしがやってきた長年の営業活動は詐欺行為ともとられかねません。

これまでまったく会社を疑うことなくやってきただけに、衝撃は大きかったです。なにせわたしは、自分が販売するサプリには絶対的な自信を持っていましたから。

もちろん、その文書にほんとうのことが書かれているのか、ただの怪文書なのかはわかりません。ただ、ことの真偽はともあれ、わたしは仲のいい代理店にもその文書を見せました。その代理店もショックをうけたようです。わたしの組織には、たちまち文書の内容が広がりました。

いたずらに噂をばらまきたかったわけではありません。その文書が届いたのはわたしのところだけでないのはわかっていました。だったら、どこからか話が聞こえてくるのは時間の問題です。外からこの話を聞いて不審に思われるぐらいならば、系列の組織には自分で知らせたほうがよいと思ったのです。

こういう噂が愛好者の耳にも入る可能性はありますから、なにものかがこういうことをいって、三基商事の商品を攻撃しているという事実は、やはり販売側の人間なら、知っておくに越したことはないと思いました。だってわたしたちは、これまで健康づくりのお手伝いと標榜して、仲間を増やし商品を買ってもらっていたのですから。

わたしのような行動をした代理店がどれぐらいあったのかは確認のしようもありませんが、おそらく多くの方は黙って文書をゴミ箱に捨ててしまったんじゃないかと思います。まずは自分の身を守ることを優先したのでしょうね。見なかった、聞かなかった、ことにして、口を閉ざされてしまった方も多いでしょう。そんな文書などなかったかのように仕事を続けられた。これまでどおり、ミキの商品は素晴らしいと、新しい購買者を獲得していくことを選んだことになります。

代理店がまとまって、その文書について会社に説明を求める?

それは無理なんです。力をもった代理店のなかから、参事、参与、理事という役職代理店がでています。彼女たちが、重石のように代理店をおさえつけているからです。代理店の世界は、成績順に組織の序列ができあがっています。序列が高い人間が「シロ」といえば「シロ」なんです。事実かどうかは問題じゃないのです。完全な序列社会なんです。

一介の代理店がなによりも避けたいのは、そういう役職代理店ににらまれることです。だから、今回の文書のように不測の事態がおこったときは、まず保身を考えるんでしょう。そういう意味では、会社にとって代理店の役員制度はとっても有効なんでしょうね。

役員が辞めた影響？

それはあるでしょうね。というのも、実質的に代理店を統括していたのは専務だったからです。代理店以下の組織がしっかりしていないと、このビジネスは成り立ちませんから。

門田社長といい、息子さんといい、身内の経営が歯がゆくてしかたなかった奥様が、ついに自ら腰を上げられたこと、それが会社にとって必ずしも好ましくないことは、多くの代理店が気づいているんじゃないかと思います。

でもみんな、いまの立場を揺るがしたくないから知らん顔をしている。代理店は高齢化が進んでいますから、いまさらゴタゴタに巻き込まれたくないし、だれにとっても「いままでどおり」がいちばんいいのです。おそらく、そういう思いは上の役職の人ほど強いのだと思います。


化粧品の販売についてですか?

ほんとうに本腰をいれるおつもりなのかしら? といった疑問はありましたが、わたしたちは会社が決めたことについて、考えることを認められていません。仕事である以上は、従わないといけませんし、化粧品販売をおろそかにしたら本社の代理店に対する評価は下がるばかりです。やらざるを得ないんですね。

代理店や営業所の多くは、複雑な思いだったんじゃないでしょうか。畑違いの商品ですから、いま自分たちがもっている組織で、健康食品と同じように売っていけるかどうかわかりません。まして、健康食品の売り上げ自体が、かなり厳しくなっているわけですから、大なり小なりの負担感はあったと思います。

この三〇年での会社の変化ですか？

やっぱり最近、売り上げが下がっていることですね。わかりやすいのが、毎年ホテルでおこなわれる成績優秀者の表彰式です。お立ち台に上るトップの成績自体が、著しく落ちてきているようです。自分の組織の「親」クラスを見ていても、やっぱり下がってきています。それでも序列は逆に上がっていったりしています、ということは、全体の力が落ちてきているということなんでしょう。

表彰式にしても、以前はハイクラスのホテルの大ホールを借り切って、フルコースの一泊付、さらには芸能人を招待するというサプライズもありましたけど、経費節減のためか、全国代理店会議がいよいよ廃止されることになりました。

それと、組織の引き締めやらてこ入れの意味もあるんでしょうけど、最近になって老齢の社長が突然、代理店会議に顔を見せ、挨拶したということも耳に挟みました。みなさん、びっくりしたそうです。わたしも三〇年以上やっていますけど、過去には一度もそんなことはなかったはずです。

専務がいなくなって、業務に精通した生え抜きの役員が経営陣から消えてしまいました。あとはみんな、取引先の銀行から迎えた天下りの役員ばかりです。危機感を持った銀行出身の役員たちが社長を動かしているんじゃないか、という噂もでています。銀行にとっても、上得意の三基商事の資産と資金力はまだ魅力なはずですから、いまの状態は好ましくないんでしょうね。

わたしには、三基商事が没落に向かっているような気がしてならないのです。

代理店Bさん

三基商事の経営陣がゴタゴタしていることは知っています。

ただ、現場レベルではそんなに変わったことはないですよ。動揺がまったくないといえばうそになりますけど、わたしたちの仕事はいつもどおり、なにごともなく動いています。

ただ、専務をはじめプロパー幹部がどんどん会社を辞められてから、会社との連絡はなくなりましたね。現場を歩いていた幹部をつうじて意見交換することが、前はよくあったのですが。

いまは、わたしたち現場の状況や、考えていることを会社にくみ上げてもらうルートがなくなったということでしょうか。営業担当者から支店長、あるいは会社のトップへといったルートが切れてしまったような感じです。相談できる人がいなくなってしまった、という意味では、多少の不安はありますよ。


一律価格制と消費税対応の弊害ですか？

わたしが会員になって、代理店に昇格したのは一九八〇年代の終わりごろだったでしょうか。それからいままで、三基商事に大きな制度改革はありませんでした。そのころからすでに一律価格制になっていましたし。わたしたちの世代だと、差別価格制度の時代を知らないいんです。

とくに不満は感じていません。というより、意見を求められても答えようがないのです。

もっとも、会社が決めたことをあまり疑問に感じないように教育もされてきました。「おや？」と思うことがあっても、それ以上は考えないようにしています。そんな暇があれば、少しでも商品を売ったり、会員を増やすほうに力を使うべきですし、そういう雰囲気が組織全体に浸透しています。実際、そのぐらいのプラス思考でないと、ながくこの仕事をやっていけないでしょう。

会社が伸び悩んでいる？

たしかに、組織が以前のように拡張できなくなったのは、もちろん感じています。ただ、その要因が制度疲労かどうかはわかりませんし、そもそもあまり考えたこともないんですよ。

ミキプルーンやサプリを扱っているほとんどは、ビジネスで成功したい人ではなくて、ごく普通の愛好者です。三基商事全体では、だいたい二五〇〇の代理店があると聞きます。全会員が五〇万人というと巨大な組織なんですが、ほとんどは普通の愛好者だという話を聞いたことがあります。

ほとんどの人は、集いに顔を出したり、自分たちで寄り集まったり、楽しみながら商品を広める活動をしています。健康に関心がある普通の主婦の人がほとんどですから、ビジネスに直結する制度や会社の内情で急に人が離れていくなんて、わたしは聞いたこともありません。

基本的には「いいものだったら人にもすすめましょうよ」という感じで、みなさんは説明会や料理の講習会に足を運んでいます。わたしとしては、新規会員が増えないからといって、このコミュニティーが廃れてきているようには思えませんし、現行制度への負担感もないのです。

ただ、三基商事の商品に関する疑惑については、もちろん知っていますし、ひそかには成りゆきをたいへん危惧しております。ただ、代理店以下、末端の利用者の方々も、それについて知っている人は少ないのではないのでしょうか。

お話したように、メンバーの多くが普通のサプリメント愛好者です。健康のために、商品を信じてあえて安くない商品を購入して下さるのだから、もし商品に欠陥があるとしたら、これは大問題です。商品をすすめてきたわたしの責任も重いのでしょう。

でも、なにが本当でなにがうそなのか、専門知識があるわけではなし、わたしたちは判断しようがないのです。だから、流れてきた情報が正確かどうかではなくて、誰がうそをいって誰が本当のことをいっているか、ということが判断基準になります。つまるところ、誰の話がいちばん説得力があるか、ということです。

会社への確認ですか？

それはしていません。こういうケースではなかなか難しい。会社を疑っていることをわざわざ自分から伝えるようなものですから。

さっきもいったように、わたしたちが問題意識をもつことは決して好ましいことではありません。わたし自身、自分が商品を疑ったら、説明会などで人前にでて話ができなくなってしまう。仕事はやっぱり大事ですし、続けたいですから。

それは、ビジネスとして頑張っている営業所さんも同じ。いまの現場の雰囲気は、圧倒的に「疑惑はうそ」が多数派です。この世界、情報の真偽は多数決で決まります。多数決には従うのが組織ですから、疑惑についてはだれも公然と話題にしようとはしません。

ただ、三基商事の業績が以前ほど好調でないのは、近年とみに感じています。会社からは、ことあるごとに経費節減の声が降りてきますから。円安ですし、輸入にたよる原料が高騰しているという事情はわかります。

それでも、講演会やセミナーの回数が減らされるのは、現場としては、痛い。薬事法との兼ね合いでいきすぎた営業行為ができないとはいえ、それは、わたしたち代理店のモチベーションを保つのに欠かせないイベントなんです。

健康についての講演や体験報告を聴けば、客に自社の製品をすすめる使命感のようなものが胸にわいてきます。同じ仕事をする、違う地区の人たちと一堂に介するのも大いに刺激になってやる気をかきたてられます。

そうやって常になにかの刺激を受けていないと、一定の業績を持続するのは大変なのです。

会社とのやりとりですか?

わたしたちと会社との情報ラインがさほど太くないのとは対照的で、代理店やメンバー間の横の連絡網は密です。絶えず方々で、さまざまな情報が行き交っていますから、ちょっとした異変もすぐに組織から組織へと伝播します。当然、社内の噂についても様々なものが聞こえてきます。三基商事の社員が、社長ではなくて、経営に入ってきた奥さんの顔色をうかがうようになったとか、社内のコミュニケーションが分断されているとか。

でも、それはわたしたち代理店にはあまり関係ないことです。それぞれの地域、もっといえば自分が所属するいちばん身近な組織のつながりというのは、本社の人事や人間関係にさほど影響されません。組織は自立したファミリーのようなもので、口には出しませんが、みんな究極的には「会社は会社、自分たちは自分たち」と思っている。いい意味で独立しているようなものです。

ですから、会社のほうから幹部の不協和音が聞こえてきたりすると「自分たちの組織を、自分たちの力でしっかりキープしていかないと」と、かえってみんなの結束が固くなるものなのです。会社のための結束というよりは、自分の生活のためです。

社長の奥さんが突然、経営にのりだしてきて、これまでの方針に口をはさんでいるという噂を聞いても、わたしたちにはいまひとつ何がおきたのか、何がおきるのかはわからない。実際のところ、彼女が全面にでてきて陣頭指揮をとるという場面を、目で見るわけではありませんから、そんなに気にしたこともないのです。専務やほかの幹部が会社を出ていってしまったことも、わたしたちからしたらすべてが他人のお家騒動です。

正直、わたしはこんないいビジネスの形、世界はないと思っています。この仕事に出会えたおかげで、これまで最高の人生がおくれました。

会社で現場を見てくれる人がいなくなった。会社が現場を見ないで、会社のことしか考えなくなったのだとしたら、それは不安です。そういった意味で将来が見込めないのが、私自身一番つらいです。

先行き、どうなるかは、「神のみぞ知る」ことではないかと思います。

元社員Cさん

入社は一九八〇年代です。中途採用されました。最初は営業畑でした。

経営幹部の分裂ですか?

社長の奥さまが経営にのりだしてきて、専務とぶつかったといった噂ぐらいは聞いたことがあります。けれども、代理店の会議などの場に奥さま当人があらわれるわけでなし、お見かけする機会すらほとんどありませんでしたから、会社が混乱しているという実感はありませんでした。

そもそもが、経営幹部と一般社員との接点があまりない会社でしたから、それはご承知おきください。

当初は、他業界への再就職を考えていたのですが、なかなか採用が決まらなかった。そんなとき、就職情報誌で見つけたのが、三基商事の募集要項でした。

プルーンのことは、他社のジュースで知っていたぐらいですが、健康食品には興味がありました。

「ミキプルーン」の名はかろうじて小耳に挟んでいた程度で、三基商事がどんな会社かは、まるで知りませんでした。

マルチ・システムについてももちろん初耳でした。とにかく商品は、店で、お客様に選んでもらうものだとばかり思っていたぐらいの門外漢ですから、入社して、見ること聞くことのすべてが初めてづくしでした。

マルチ・ビジネスが社会問題化した影響があって、会社の業績はわたしが入社した少し前が「底」の状態であったようです。業界内全体が冷え込んでいました。しかしそれ以降、わたしが入社してからの十数年間が伸び盛りの時代となりました。びっくりするぐらいの勢いで会員が増えていき、売り上げは伸び続けました。

いまでも印象にあるのは、セミナーを初めて経験したときの驚きです。

講師を招いての一泊、食事付きのセミナーが、一年をつうじて開催されるのですが、参加者の真剣さが尋常ではなかったのです。

それは、ごくふつうの講演会の風景を想像していた、わたしの想像がおよばない異世界でした。催しの中心は専門家の講演や、経営側の教育的な講和ですが、会場の空気は独特です。一人ひとりが、会社と商品と未来の成功を信じる心を試されているといった熱気と緊張感を持っている。宗教がかっていて、見ているわたしですらゾクゾクしてくるのです。圧倒されました。

前職からの経験として、販売のしくみや消費者の購買意欲といったことに多少の知識はあったのですが、マルチ・ビジネス業界のそれに、常識的なマーケティング理論はあてはまりそうにありません。一般の流通・小売り業界からは見えにくいところに、こんなビジネスの世界があったことに、びっくりしました。

営業を担当していて違和感を覚えたのはセミナーの開催や精算処理ですね。代理店は全国、それぞれの地区に属しているのですが、そのセミナーを主催しているのが代理店会という「人格なき社団」なのです。会社が講師の依頼から会場手配まですべてをやっているのにも関わらず、主催は代理店会、後援が三基商事という具合なのです。したがってセミナー代金も代理店会の収入になっており、そこから諸々の支払いが行われ、三基商事は会場費や講演料といった経費で落とせるものを扱っていた。

経費で落とせないものだけ代理店会で支払わせ、代理店が、セミナーで利益が出ても税申告したなどという話を聞いたことがありませんでした。つまり三基商事としてセミナー代金をメンバーから徴収し、それを収入としてあげないで済むようにしていたわけです。また、セミナー代金の回収などを担当する別会社も作って、税金で粉飾できる仕組みを作っていました。

代理店訪問をしても、やっぱりカルチャー・ショックはありました。系列組織に対する代理店の影響力が強いところほど、グループの特徴がはっきりしています。

おどろかされたのは、人間関係の濃さです。それは、わたしたちが考える、仕事上の関係というのとは、ちょっと違っていました。単に親しい仲間というのとも違います。

代理店を頂点とした系列組織では、トップ・ダウンでなにごとも伝達され、徹底されるのです。代理店が「シロ」といえば「シロ」、「クロ」といえば「クロ」です。はたで見ているこちらが、

「それでいいのかな?」

と思うような少々の無理があっても、グループのなかに異論はおこりません。

もちろん、世の中にはカリスマ的な力をもった経営者が率いる、トップ・ダウン型の企業がいくらでもあります。くらべると、トップと雇用関係があるわけでなく、会員の大多数が同好のグループ的な関係であるのに、なぜこうも皆が同化できるのかが不思議でした。ネガティブなことをいうと雰囲気を悪くするとか、白い目で見られるとかいろいろな気遣いが、そのような行動へと向かわせるのだと思います。

成績優秀で一定の条件をクリアした代理店が、地区の代表者となって、参事、参与、理事に指名される仕組みですから、当然、系列間にも見えない力関係があります。序列

がはっきりした世界なんですね。

三基グループの変化ですか？

長く勤めていて感じたのは、歳月を重ねると組織も歳をとるということでした。かつて担当した営業地区などにいくと、昔の顔ぶれがそのままですから、やっぱり高齢化の問題は実感します。

そもそもマルチ・システムの組織は、代理店が不動の存在です。つねに新規会員の出入りはあるのでしょうが、トップとその周辺は変わらず、系列はほぼそっくり温存されます。いいところでもありますが、新陳代謝のなさゆえの問題もでてきます。

すでにわたしが営業を離れる十数年前から、会員の増減は横ばいから、緩い下降期にはいっていました。

バトンタッチにつまづいたり、人間関係の悪化や資金繰りの悪さからぽつりぽつりと消えてしまう代理店があるためです。そのことも踏まえて三基商事では、代理店の権利が親族で相続できるようになっているのですが、実際はそんな簡単な問題ではないんですね。

ミキの組織は女性の世界です。よくあるのが、代理店を長くやっているお母さんが引退を考え、娘さんに組織を譲ろうとするケースです。けれども、下部組織にリーダーシップをとれるのは、先代がメンバーづくりをいちからやったからであって、突然、その娘さんらが出てきて今日から代理店ですといっても、親の代わりにはなかなかなりにくいようです。

世代交代の難しさと同時に、営業所や代理店への昇格率も三基グループに勢いがあったころと比べれば、かなり低くなってきている。新規会員が増えないとか、推薦がもらえずに昇格を阻まれるとかいった種々の問題があると思いますが、グループ全体が保守化というか、硬化してきたという印象はあります。皆さん、自分の組織を守ることで手いっぱいなんですね。ですから、いまはすごく変化の大きい時代ですが、そのなかで三基商事がどんな状態にあるかとかといった全体の問題が、わりと二の次になりがちです。

業務をつうじて感じたことですか？

三基商事にかぎっては、代理店からの質問やお客様からの会社への質問は、商品のことをもっと知りたいという姿勢が伝わってくる、わりとポジティブなものが多かったです。三基商事の商品を愛用するお客様のタイプが、どなたも前向きで素直なのだともいえます。

ごくまれに、電話等でかなり詳しく商品情報を聞きたがる方がいます。ちょっと、品質に疑問を感じておられる方ですね。そういった質問には、ひとつの特徴があります。相談者が自分の身元が特定されることに、かなりの注意をはらっているのです。つまり、組織上部から伝達された情報に疑問を感じるという態度が、組織内でタブー視されているためか、それとも疑問をもつことをそれぞれが強く自主規制するせいなのか、理由はよくわかりません。でも相談者のみなさんが、質問によって組織内にあらぬ波風をたてることに、すごく警戒していることはわかります。ちょっと不思議なぐらい敏感です。

たとえば、

「プルーンって、どのくらいの熱をかけてエキスになるまで煮詰めるんですか」

という質問が工場見学等であるとします。会社としての公式見解は、「製造ノウハウに関わることだからお答えできません」という答えになります。

また、「バイオCという商品のローズヒップにはビタミンCがどのくらい入っていますか」というような質問にも企業秘密ゆえに数値を開示しない。

実際は、ローズヒップの花弁が入っているだけで、ローズヒップのビタミンCはほとんどないため、そのような木で鼻をくくったような答えを公然とする。

このような答えでは、当然お客様は満足していないと思いますが、それ以上の突っ込んだ質問にもなっていかない。会社内でも、どんな回答でも受け入れてもらえるという安易な体質と、うまく話がまとめられないのは担当者としての人間関係づくりの問題と個人を責める雰囲気があります。

お客様第一主義とは形ばかりで、お客様の心を受け止めない体質に全社が染まってしまっている感じです。

商品について自主的に知ろうとすることは、あまり会社に歓迎されない。あたえられた情報だけ知っていれば十分である。

三基商事の全般には、そういう曖昧模糊とした雰囲気があり、それをよしとする、誰もが責任をとらないという考えがはびこってしまっているように思います

元幹部Dさん

三基の商品への疑問について、わたしの知り得た範囲でお答えしましょう。

現在の三基商事が取り扱う健康食品は十数品です。このなかで売り上げの七割をしめる、稼ぎ頭が「ミキプルーン」（一九七二年発売）、「ミキエコー37」（一九七八年発売）、「ミキプロティーン95」（一九八二年発売）、「ミキバイオC」（一九八三年発売）、の四商品です。商品名から想像できるように、ビタミンやミネラルやタンパク質を補う栄養補助食品、サプリメントです。これらはいずれも健康食品路線で会社が出なおして十年ほどのうちに発売した初期の商品ばかりです。

三基商事が、研究開発の拠点となる「三基総合研究所」を開設したのは、一九八三年

です。ミキの四商品がそろった年の事でした。

最初にかたちを作るために、化粧品業界で研究開発をしていた人を所長にしましたが、研究成果の間違い、商品開発の失敗、問題ばかりを繰り返していました。それから十数年後、それまで私が個人的なつきあいがあり、薬業界で長く研究開発の仕事にたずさわってきた人を、いいタイミングで社におさそいすることができました。

総合研究所は健康食品会社の信頼を担保する、重要な機関でもあり、栄養や食に対する科学的な視点を内部にとりこむことは、わたしと社長の念願でもありました。

その研究所の存在を広く知らしめるためには、少しでも早く独自に開発した商品を発表することでした。

研究所に課された役目は主として、開発と検証です。で、研究と平行して、既存商品の検証にも徐々に手をつけていってもらったのです。既存商品の全容がしだいしだいに明らかになってゆくのは、これ以降でした。

そうしてもたらされた報告に、わたしたち経営陣は立ちすくむことになります。検証によってわかった事実は、一部幹部のみが知るトップシークレットのままです。商品ごとに順を追って、指摘を受けた問題点をお話ししましょう。

私達がもっともショックを受けたのは、すっかり看板商品となっていたミキプルーンの検証結果でした。あろうことか、そこから少量のアクリルアミドが検出されたのです。発がん性の物質です。日本食品分析センターの検査結果によると、０・８６ppmでした。

プルーンのエキスは、ドライプルーンから抽出しています。乾燥したものを湯でもどして釜で煮詰めていきます。温度は百二十度以上ですので、釜の肌に焦げができます。このときアミノ酸と糖類の化学変化で生成されるのがアクリルアミドなのです。これは日本では劇物に指定され、国際癌研究所では発がん分類で２Ａ（人に対しておそらく発がん性がある）に分類されています。アクリルアミドの癌化リスクについてはまだ不明な部分もありますが、健康食品である以上、微量でもあってはならないのです。欧米ではアクリルアミドの量と発ガン性の研究がされていますが、日本では内閣府食品安全委員会でアクリルアミドの遺伝毒性の研究がされ、染色体の遺伝子に影響を与えるという結果が出ました。

健康を助けるための食品に、健康を害する成分が含まれていようなど、それまで考えたこともありませんでした。もちろん、研究所もまじえて、解決策を模索しましたが、当時、有効な手だてを見つけることができませんでした。

参考までに、明らかになったほかの問題も公開いたしましょう。エキスを抽出する過程で、高温で煮込んでも溶けない種や皮は、遠心分離機でとりのぞかれます。しかし、よく知られていることですが果実の栄養分は、果皮と果実の間に多く含まれていますから、当然、栄養価はかなり薄まってしまいます。指摘を受けたのは、プルーン果実ならではの豊富な鉄分（Fe）、各種ビタミンがほとんど失われてしまっていたことでした。

エキスは濃縮でつくられています。ですから鉄分もビタミンも濃縮されているはずだと、私達は思いこむ。ざっと一瓶あたりのエキスは、実が三〇〜四〇粒でできている量になります。ですが、成分分析の結果は逆でした。果皮を捨ててしまうために、果実の数分の一にまで栄養成分含有量が落ちこんでいました。

一瓶二〇〇〇円で売られるミキプルーンは、鉄分、ビタミンを含むほかの健康食品にくらべて明らかに高値です。わたしたちは二〇〇〇円でも得な買い物だとして、プルーンエキスを大いに代理店にすすめてきました。でもこの成分分析の結果は、値段の根拠を粉々にするものでした。

「ミキエコー37」が、ミキプルーンに継ぐ古参商品であるのには理由があります。

一九七四年、別の健康食品会社シャクリーのトップ代理店が、次々と三基商事に鞍替えしてくるという出来事がありました。三基商事としては、さらに会員を増やす絶好の機会です。

このとき鞍替え組みの代理店から要求されたのが、もとの会社のメイン商品であったビタミンEを含むサプリと、プロテインの開発だったのです。これからミキプルーンを大いに売っていきたいと意気込む彼女らにしても、顧客に提供しつづけてきたサプリの代替え品はやっぱり、あるにこしたことはないのです。

急ぎ、開発を迫られた私達は、原料で、これまでの商品との差別化をはかろうとしました。鞍替え組があつかっていた他社商品の原料は、ビタミンEが他のオイル原料に比べて多く含まれているというウィートジャームオイル（小麦胚芽油）でした。あれこれ素材をさがしてたどり着いたのが、同じくビタミンE豊富なアボカドです。このオイルをつかって、急ごしらえしたのが「ミキエコー37」でした。

商品名の「ＥＣＫＯ」は、ビタミンＥ・Ｃ・Ｋの意味、Ｏはオイルの意味です。名称の末尾につく「37」は、何かの番号ではなく、アボカドに含まれる成分が三十七種類あるとの意味です。

しかし、たしかにアボカドにその成分は含まれているのですが、原料とするアボカドオイルにそれらが含まれていないことが、後にわかるのです。というか、油分にビタミンＣは含まれないというのは、少しの専門知識があればすぐにわかること。ミキプルーンの皮や種を濾過する課程で栄養素も捨ててしまっていたのと同じで、じつに初歩的な思いこみ違いがあったのです。そもそもが、製造や栄養の専門知識を持たない素人の商品開発とは、こんなものなのです。買いつけや、外部への開発発注はできても、自分で商品を検証する術を持たない。理系の人材をもたないというのは、初期の三基商事の構造的な欠陥でした。

それでも発売当時の「ミキエコー37」は、栄養価も高く、微量栄養素も含まれていました。それが数年後の生産工程見直しを経て、さらなる問題がおこってくる。色味などを安定化させ、残留農薬を減らすために、原料の精製がくりかえしおこなわれるようになります。けれども熱処理の時間が増すほど、オイルの酸化もすすむことにもなりました。残留農薬を飛ばす一方で、トランス脂肪酸が生ずる結果になり、一〇〇g中三六〇mgが含まれていることがわかりました。健康を害する製品になっていたのです。

研究開発部門からこの指摘を受けたときも、わたしはただ、呆然とするよりありませんでした。

「ミキプロティーン95」は、全米に展開する健康食品の小売りチェーンからの輸入によってスタートした商品です。といっても、そこが製造元ではありませんでした。のちに、充填作業をする工場見学のときに確認した製造元に問い合わせ、直接仕入れをするようになりました。

ところが遺伝子組み換え大豆を原料にしている可能性が高まり、数年後、ブラジル産に切り替え、さらにいろいろな産地をさまよい続けました。メンバーらに安全への不安をいだかせまいとして、原産地の公表はずっとさけてきました。原材料の原産地を明かさないのは、全商品に共通していえることです。

門田氏は「プロティーンは神棚に上げてから食べてほしい」ともったいをつけた言い方をしていましたが、要はNON GMO（非遺伝子組み換え）でコスト高になることで、商品に付加価値をつけたいのでしょう。


「ミキバイオC」の売り文句は、天然のビタミンCをたくさん含むことでした。成分が「天然」であることが、この製品の生命線です。

例えば同量程度のビタミンCを含む大手メーカーの清涼飲料水は百数十円ですが、三基商事のそれは四五〇〇円もします。バラ科のローズヒップから抽出した天然のビタミンCには、それだけの価値があると、わたしたちは訴えてきました。

ローズヒップをつかっているのは、そのとおりです。粉砕した花弁を、粉砕乾燥して製品の原料としてつかっているのですが、じつはローズヒップの花弁にビタミンCは入っていないということが、はっきりしています。製品に入っているのは、市販の清涼飲料水などがつかう合成ビタミンC（アスコルビン酸）です。デンプン由来のもので、それも中国で製造されたものも使われていました。

なぜローズヒップ由来のビタミンCをつかっていなかったか？

それは、ローズヒップからつくったビタミンCはたいへん高価になるからです。結局、三基商事は利益中心主義から離れられなかったのです

よくよく見ると、小箱にはビタミンCとローズヒップの表記が別になっています。が、代理店以下、多くの営業所、メンバーらは、それが天然のビタミンCであることを疑っていません。製品が実際より優れていると勘違いさせるよう、会社が「優良誤認」を行ってきたからです。

これだけさまざまな健康食品が氾濫している世の中です。消費者にとっても、その商品が安全かどうかの情報を知る権利があるはずです。そのひとつの目安としてあるのが、厚生労働省がすすめているＧＭＰマークというものです。健康食品の一定の品質を保証するものです。三基商事の製品には、これがついていません。これは、ミキプルーンやシャンプー、リンスなどを除いて、多くの商品が他社で生産されているものだからです。

こういったことにもあらわれていますが、三基商事はこれまで、製品情報をあまり表に出してこなかった。法的にいえば、別に問題があるわけではない。ただ、先のマクドナルドの問題にもあったように、今の時代、情報公開は必要です。それをしてこなかった会社にもやはり問題がありました。

消費者の保護を考えなかったか？

それを優先するべきだとの指摘はもっともです。けれども、商品に欠陥があることがわかった時点で、即時発売中止、回収ということは考えられませんでした。仮にメディアで話題になったりしたら、会員離れが一気にすすむことは十分にありえます。契約の打ち切りという事態が、四方八方でおきたとします。と、膨大な預かり金をどうするかなど、さまざまな難問が一度に押しよせてくる。

三基商事には、商品の欠陥ですべてを失ったという強いトラウマがあります。健康食品会社として生まれ変わる前、取扱い化粧品が薬事法違反によって行政処分を受けたときの記憶が、会社には色濃く残っています。

まちがっても公表するという選択肢はとりえなかった。

とすれば、のこる措置は、秘密裏に問題点を改善することでした。当然、そこは技術畑の面々とも検討しました。個々の商品についての検討経過は、ここであえて申し上げるつもりはありません。もっとも重要なことは、結果としてわたしも含めた経営陣は、どの問題も解決できないまま、情報公開という扉を閉じてしまったという事実のみです。

情報を開示する社会的責任ですか?

もちろん感じていました。でも私達はこれら四商品をもって、組織をつくりあげたのです。全国をまわって無数に開いた説明会の席では、自社の商品がどれほど特別ですばらしいのかを、なんども語ってきました。

恥ずかしい話ですが、品質については、素人集団の弱みがまともに露出したことになります。マルチ・システムについては、まさに走りながら勉強しました。失敗もありました。そのたびに反省と検証をくりかえし、強い組織をつくるノウハウを培ってきた。

「システムが九、商品が一」は、この世界の常識です。言葉をかえれば、若かったわたしと社長にマルチを教えてくれた知人の、「どんなもんでも売り方やで」となる。それらは間違ってはいませんでした。

システムに習熟さえしていれば、たしかにどんな商品だって短期的には売りぬくことはできるかもしれない。けれども、企業を存続させるためには、商品の質も同じように重要だったと思い知りました。

説明会やセミナーで話す機会の多かったわたしは、ついに研究所からあがってくる報告に
「もう、聞かさないでくれ」

と音をあげるにいたりました。

「そうするわ、きみの気持ちもわかるから」

が、社長の言葉でした。

それからというもの、セミナーなどの場でめっきり商品の話をしなくなりました。ほとんどが心と健康に関する話題だったり、成功するための心構えだったり。意図的に商

品情報を避けるようになったのです。事実を知ってしまうと、さすがに
「うちの商品はとってもすばらしい」
と、平然とは口にすることはできません。だからわたしの罪は軽いと、言いたいわけではありません。
　知っている情報を黙っていたことに変わりはなく、代理店の方々に嘘をついていた、あるいはだましたという事実は消えませんから。いまになってことの次第を語ったところで、これだけ重要な情報を隠しとおした、わたし個人への批判が免れないのはもちろん覚悟しております。

第四章

三基商事の将来性を検証する

三基商事には歴史と実績がある。加えて、それに裏打ちされたブランド力というものもある。しかし、ミキプルーンが誕生して四〇年がたち、現代ではもはやブランド力だけで商品が飛ぶように売れる時代ではなくなっている。

めまぐるしく変わるトレンドや他社との価格競争、国内外の競合他社がしのぎを削るブランディング合戦や、商品の差別化競争のなかで、三基商事のみがこれまでの売り上げを維持していける保証はどこにもない。事実、この一〇年間、三基商事の売り上げは下がり続けているのである。

三基商事はこの先どこへ向かうのか、この章では、三基商事の将来性について検証してみたいと思う。

他社との競合の激化

これまでも述べてきたが、この間、健康食品をとりまく業界の変化には激しいものがある。

医薬品業界からの参入、食品業界からの参入が増えており、先発の健康食品会社との競合は過熱している。ただ、それぞれ独自性を出そうと努力してはいるが、一部を除き、商品の内容や種類は似ており、差別化はなかなか難しい。

しかも、生活習慣病の予防や医療費削減の観点から、特定保健食品、栄養機能食品などの規格も整備されつつあり、今後さらに機能性表示食品など、製品に機能の裏付け（エビデンス）がないと、製品の価値が認められず、健康食品や栄養補助食品では通用しない時代になっていくだろう。

また、販売方法についても、とくに訪問販売業界では、通販などに押され気味で、業績が低落傾向にある。

その一方で、広告宣伝は盛んである。テレビや新聞などへの出稿量は多く、新聞を広げて健康食品の広告を見ないことはあまりないといってもいいだろう。実際、健康食品の業界では、広告宣伝費と比例して売上高が左右される傾向が強い。

三基商事といえば、冒頭に述べたように、中井貴一を起用したＣＭが有名である。しかし、二〇一三年にはそれまで務めていた「新婚さんいらっしゃい」のスポンサーを降りたという。新聞や雑誌への広告もこの数年間は見かけなくなった。

これらの状況のなか、三基商事の最大の武器といえるものは、強固な組織力である。しかし、これまで検証してきたように、組織は高齢化が進み、会社への信頼感も揺らぎを見せはじめている。

三基商事の宣伝戦略とは、商品そのものを売るためというより、組織のモチベーションを上げるためのイメージ戦略だった側面が強い。組織が弱体化すれば、開発力に勝る競合他社に太刀打ちできるかどうか、疑問は残る。

三基商事の業績

この十数年、三基商事の業績は下がり続けている（図・三基商事年度別売上実績）。その要因は複合的であるが、ここでは、代理店や営業所の体力低下、経営側の問題、さらに近年では、商品の流通そのものが大きく変わっている。ここでは、この三点に絞って、考察を加えてみよう。

まず、代理店や営業所が疲弊する要因は、一つには高齢化の問題がある。ただこれは三基商事に限った話ではなく、多くの業種にいえることである。

三基商事の大きな問題の一つに「預かり制度」による代理店や営業所の過剰在庫がある。ではなぜ無理をして在庫を抱えなければならないかというと、それはキャンペーン制度にある。

三基商事の豪華な「キャンペーン」は、買込型、つまり仕入れ実績に応じて参加資格

三基商事の業績

三基商事株式会社　年度別売上高

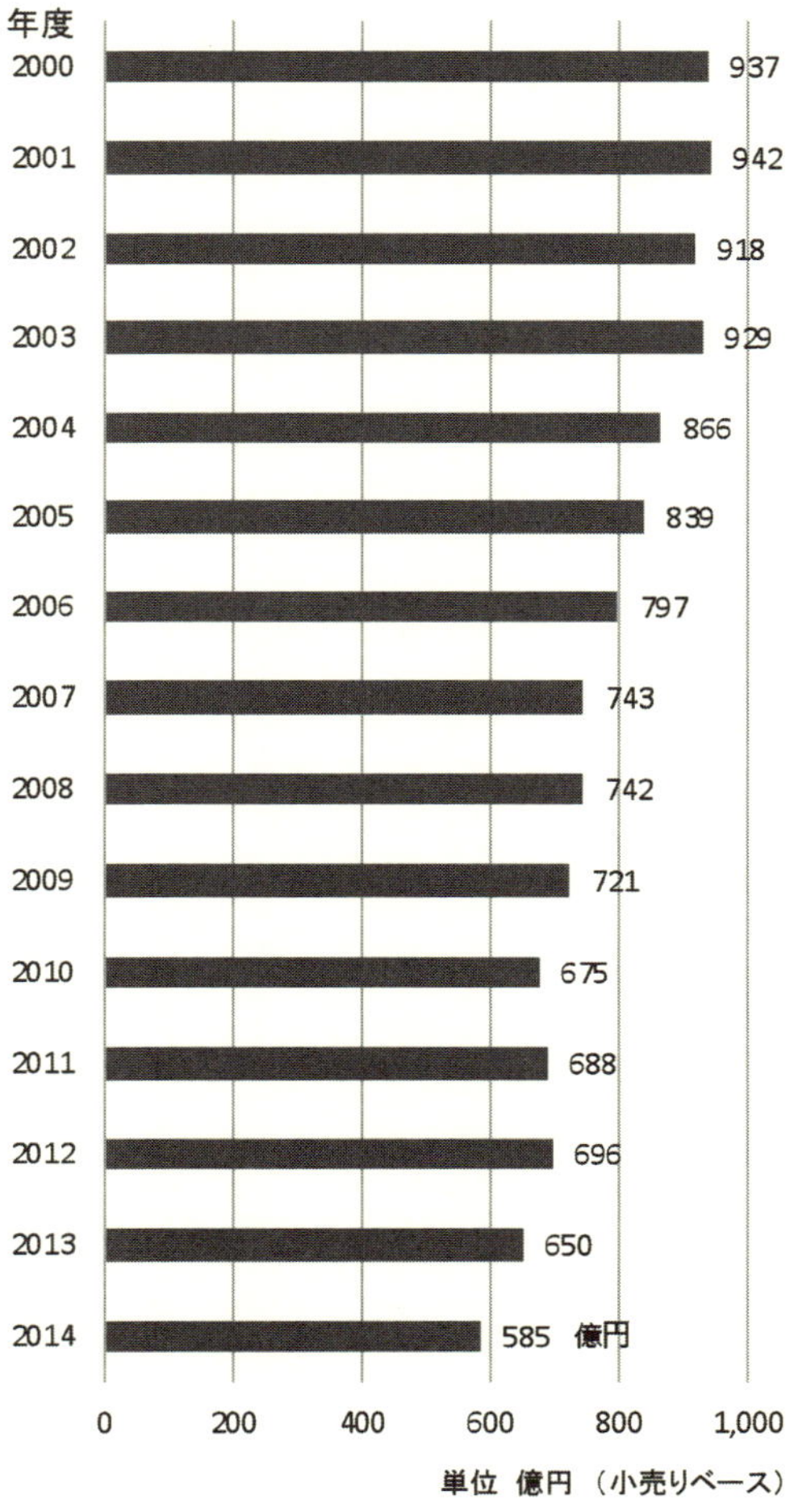

を得られる。そのために営業所は無理をしてでも商品を買い込む。すべてが売れるわけではないから、過剰在庫を抱え込むことになる。その結果、資金繰りに苦しむ代理店・営業所が増えてきており。実際に、ここ数年は辞めていく代理店が、新規に昇格する代理店の数を上回っている。

たとえばこのキャンペーン制度を仕入れ実績ではなく、販売実績で資格を得られるようにすれば、営業所の負担は減るだろう。

また、三基商事がおこなっている大きなキャンペーンの一つに、カリフォルニアのミキプルーン農園における植樹がある。

三基商事は一九八〇年代後半に、カリフォルニアに農園を購入した。植樹は一九九〇年からおこなうようになり、以来二年おきに続けられている。参加者は、この農園にプルーンの「マイツリー」を植樹することができ、木には自分のネームプレートがつけられる。一本五〇〇〇円で、二〇〇〇〇人ほどが保有しているという。

これに参加できるということは、代理店・営業所にとってのステイタスであり、モチベーションの一つである。

ところが、植樹がおこなわれている農園は、実は三基商事のものではないというのだ。取引先であるS食品の現地法人から借りているものであり、一部のみ（一九九九年度植樹分のみ）自社所有。しかも、三基商事はその農園を二〇一四年に売却しており、残ったレンタル農園も契約は二〇一六年で打ち切られる予定だという。三基商事は、メンバーがキャンペーンに参加したときのみ、該当する木にネームプレートをつけ、「これがあなたの木ですよ」と言っているのだという。

この事情を知っている社員は、ネームプレートの名前の下に小さく「ネーミングライツ」という文言を入れたものをつくった。つまりこれはあなたの「所有」ではないですよ、ということだ。担当者としての最低限の良心とでも言うべきだろうか。

三基商事は最初からだまそうとしていたわけではないのかもしれない。しかし、あたかも「自分たちの農園」「自分の木」と参加者に思い込ませていることは事実である。

三基商事が最初から参加者を騙そうとしていたとは思わない。実際、三基商事は他にも農園を所有しているのだ。たとえばそこに移設するという考え方もあるだろう。それらの事実を、参加者に公表していないこと自体は、道義的に問題だと思われる。

また、二〇一四年に三基商事は関東工場を解散した。ミキプルーンの生産はすでにストップしている。現在、ミキプルーンを生産しているのは西宮工場のみである。

もともと、三基商事は商品の生産工場を2カ所以上に持っていた。というのも、西宮工場は、阪神・淡路大震災の折に被害を受け、生産中止に追い込まれている。このとき関東工場が増産することによって、商品を円滑に供給することができた。逆に、東日本大震災では、関東工場が生産を中止せざるを得なくなった。

このように、不慮の災害や事故が起こった場合のリスクヘッジという観点からすると、非常に不安が残ることになる。また、そもそもなぜ関東工場を解散することになったかというと、ミキプルーンの販売自体が落ち込んでいるからにほかならない。

その他にも、長寿科学振興財団や緑の基金への寄付や、ユニセフに対しての募金、会社としてのリサイクル活動なども、そのほとんどを取りやめている。もちろん、コストカットは企業にとっての宿命であり、それ自体はやむを得ないことではあるだろう。しかし、三基商事にとっての社会貢献活動は、先にも述べたように、商品を売るためではなく、イメージ戦略だった。代理店以下、メンバーの士気を高める目的もあった。

工場閉鎖、農園の売却、講演会やセミナーの縮小、イベントの質の低下、社会貢献活動の縮小。売上の減少をコストカットで乗り越えようということだろうが、すべて三基商事の組織づくりを支えてきたものばかりである。

コストカット自体は企業の宿命ではある。しかし、三基商事は果たしてこれらにかわるものを今後生み出せるのだろうか。

三基商事の利益構造

ミキプルーンをはじめ、三基商事の商品は他社の同種類の商品と比較して高価である。元社員によれば、その原価率は一〇パーセント前後だという。三基商事特有の圧倒的な組織力もあって、莫大な利益を上げ続けてきた。

しかし、年々資金繰りに苦しむ代理店が増えてきたことは事実である。一方で、会社が利益を上げていないかというとそうではないのだ。門田氏は、これまでに数多くの関連会社、ダミー会社、トンネル会社をつくり、ファミリーに利益を集中させてきたという指摘がある。元幹部によればこうである。

「関西圏で屈指の資産家になった門田氏ですが、その徹底した秘密主義はいまもかわらないと思います。ですので、知っている範囲でしかないのですが、たとえばミキプルーンは、次のような流通構造になっています（図・ミキプルーンの流通構造）。この間に、どれだけの利益が門田ファミリーにわたっているかはわかりません。しかし、利益を独占していることは確かです。これをあらためれば、消費者にもっと商品を安く提供できるだろうし、代理店や営業所の苦しみも和らぐはずなのですが」

事例1　ミキプルーンの流通構造

ミキプルーン

ミキプルーンオーチャード（株）
↓
ミキUSA（株）
↓
三基商事（株）
↓
三興商事（株）（ファミリー企業）
↓
三基食品（株）
↓
三基商事（株）
↓
代理店

事例2　ミキエコー37の流通構造

ナチュラルオイル（株）他
←
三基商事（株）
←
クローバーリーフ（株）（ファミリー企業）
←
キャタレント（株）・富士カプセル（株）
←
三興商事（株）（ファミリー企業）
←
三基食品（株）
←
三基商事（株）

←代理店

門田氏は、常々「グループ全体の幸せと繁栄」を唱え続けている。しかしその一方では、これらの生産・流通過程のなかで利益を吸収し続ける仕組みをつくってきたことになる。

わたしがいうべきことでないのは百も承知だが、これでは「金儲けのために手段を選ばない」ということにもなりかねない。元幹部のいう「代理店や営業所への利益還元こそが生き残る道」という言葉がまさにその通りではないかと思う。

また、門田氏はいつも「人は額に汗して働くものだ。マネーゲームに高じるなど仕事の道に反することだ」と言い続けているが、その一方では不動産投信の売買などを目的にエクセランド証券という会社を設立し、三基商事から数十億の資金をつぎ込んだという話もある。この会社はその後破綻した。

また、「健康管理の基本は予防、バランスのとれた食事こそが大事であって、薬になど頼ってはいけない」といいながら、一方ではメディカルトラストという会社をつくり、病院前薬局を経営している。

さらに、数年前に発売された「ミキGシックス」という商品を、ブランドを変え本来の三基商事の組織とはまったく関係のない医療系ルートに横流しし、価格を安くして販売している。

これらは、企業として考えれば別におかしなことではない。売上がおちこむなかで、生き残りを考えての業態変換は当たり前といえば当たり前のことではある。ただ、これまで門田氏の言葉を聞いてきた社員や代理店にしてみれば、これらの行為があまりにも「言行不一致」であり、そこに違和感を覚えるのだという。

そして問題なのは、これらの動きを代理店以下メンバーがほとんど知らないことだ。その事実を知ったとき、多くのメンバーがさらに不信感を覚えることは想像に難くない。

商品の安心・安全について

現代は、健康食品の時代でもある。ちまたにはありとあらゆる健康食品が氾濫し、いったいどれがよくてどれが悪いのか、消費者が判断するには正しい情報が必要となる。

その目安のひとつとなるのが、公益財団法人の日本健康・栄養食品協会が認定しているＧＭＰ（適正製造規範：Good Manufacturing Practice）である。ＧＭＰの認定を受けた工場でつくられた商品には、ＧＭＰマークというものがつけられる。

三基商事においても、西宮工場および山南工場はＧＭＰ工場の認定を受けている。しかし、三基商事の商品にはＧＭＰマークはつけられていない。少なくともこの両工場で製造されたものについては、ＧＭＰマークをつけてもいいはずである。

ここに、三基商事の問題点が垣間見えてくる。ＧＭＰマークのあるなしではない。つけてもいいはずの商品になぜマークをつけないのか？　ということである。

元幹部によれば、三基商事は代理店や営業所に対して「生産・輸入・製造・販売はすべて自社でおこなっている」と言い続けてきた。仮にミキプルーンにだけこのマークをつけたとする。そうすると「なぜ他の商品にはついていないのか？」という問合せが来ることになる。その質問に対して答えようがなくなるのだ。

つまり、三基商事が自社の工場で生産しているものは、ミキプルーン及びシャンプー、リンスなどごく一部で、その他の製品は他社が製造し、三基商事はそれを仕入れ、充填、包装のみをおこなっているということになる。

手元にある資料から、一部商品の製造工場を列記してみよう。これは二〇一三年度のものである。

ミキプルーン：西宮工場（二〇一四年までは関東工場も）
ミキプロティーン95：米国デュポン社（セントルイスの同社の関連会社で製造）
ミキエコー：米国ナチュラルオイル社他（ロス郊外の同社の協力工場で製造。カプセルは、キャタレント社製）

ミキバイオ‐C：製造会社不明。ビタミンCの原料仕入先は中国またはヨーロッパ。

カルシウムは国産原料

ミキGシックス：池田糖化工業

ミキプルーンDO：マツヤ、日進乳業

オリゴプロティーン：天野実業

ジョイントビューティー：焼津水産

ミキアスプリ：太陽化学

ミキグルコエイド：日清ファルマ、池田糖化工業

等々である。

自社の商品を他社に製造委託すること自体が悪いわけではない。ただ、実際に自社生産しているのは一部なのに、代理店以下にあたかもすべて自社製造であるかのように誤解させる説明をしていること自体は、問題があるといえる。

また、三基商事は、これらの製造委託先の工場に「おたくの工場でもＧＭＰ認定を

とってくれないか」という話をもちかけたこともあるという。「だったら三基商事さんで取得のための費用を全部もってくれるか？」と返され、断念したという話もある。

ＧＭＰにしても、目安の一つに過ぎず、必ずとらなければならないというものではない。現段階では法的な問題もない。ただ、これらの話から思い浮かぶのは、「自分たちに都合の悪いことは黙っておこう」という、三基商事の微妙な隠蔽体質だ。

第三章の元幹部の証言にもあるように、看板商品のミキプルーンからも、発がん性物質であるアクリルアミドが検出された。また、ミキバイオＣに含まれるビタミンＣについても、その原料はローズヒップではなくてデンプン由来の合成ビタミンである。これらについても、三基商事は公表をしていない。

また、三基商事の製品には中国産の原料もつかわれているが、これも公表はされていない。

たしかに原産国表記は義務ではないが、今の時代、なにか事件が起こったとき、これらの情報が明るみに出ることで、一つの企業が崩壊しかねない。隠蔽体質をあらため、情報公開を積極的におこなう必要があるのではないかと思う。

虚飾のカリスマ

ここまで、三基商事の成り立ちと問題点を関係者の証言から見てきた。わたしなりに理解できたこともあるし、マルチ・システム業界独特の感覚についていけないところもあった。

ただ、門田氏が裸一貫で立ち上げ、ここまで会社を発展させてきたことは事実であるし、利益を得た代理店が数多くあることも理解できる。

しかし、取材をしていて感じたのは、これだけの規模の会社になったにもかかわらず、どうしても個人商店から脱却しきれない、隠蔽体質も含めた経営姿勢である。

二〇一四年の暮れに、何十年来出席したことがなかった関東地区の代理店会議に、門田氏が姿を見せた。その席で門田氏は、代理店の面々にこう言ったという。

「私はあと一五年、九〇歳まで社長をやる。私は元気で健康上の不安もない」

おそらく門田氏は、自身が代理店会議に出席することによって、代理店に安心感を与える効果を狙ったのだろう。逆にいえば、売上低迷への危機感もあるのだろう。

また、その席上で門田氏はこうも話したという。

「そして私には夢がある。ただし、その夢の内容はいまは話せない」

これについて、門田氏を知る元幹部に話を聞いた。

「門田氏が代理店会議に顔を見せたのは、かなり焦りがあるからではないでしょうか。それに門田氏から、夢や将来の展望という話はこれまで聞いたことがありません。先々のビジョンなんてそもそもあるのかどうか。代理店になにかを期待させるために発した言葉だと思いますよ」

門田氏にとっての夢とはいったいなんなのだろうか？

聞けば、門田氏はもともとは慎重な性格だという。これだけの業績を上げているにもかかわらず、会社内部では、「こんな会社、いつ潰れるかわからへん」と言い続けていたという。しかしその一方で、代理店や営業所に向けて、自身のカリスマ性を高める演出には熱心だった。

たとえば、

「車で帰宅途中、雨の中を自転車でプルーンを運ぶ人を見かけたとき、思わず手を合わせた」

「みなさんが歳をとったときに、みんなが楽しく健康に暮らせるミキ村を創りたい」

「私は商売でかけひきなど一度もしたことがない」

などの発言やエピソードなどを社員にまとめさせ、代理店や営業所にＰＲさせていた。

外に向かってはあるはずのない夢を語り、その裏では、マネーゲームに高じているということである。そのこと自体の良い悪いは別として、カリスマ性、という言葉からはかけ離れた行為のような気がしてならないのである。

門田氏への提言

ここまで取材を続けてきて感じるのは、三基商事をすでに辞めた人間、いまもなかにいる人たち、それぞれに、三基商事の将来を案じ、問題意識をもっている人が少なからずいるということだ。

その中から、元幹部の発言を引用させていただくことにする。

「カリスマ性を高めるというのは一つの戦略ではあるのでしょうが、むしろ今、三基商事に求められるのは、家族経営を改め、社会に責任のある企業としての経営体制を作り上げることだと思います。たとえば次のようなことです。

第一に、現状の商品の問題点を改善し、安心・安全な商品を供給する。

第二に、早期に経営者の後継者を作る。

第三に、銀行出身の幹部を重用せず、内部からのたたき上げ社員を登用する。

第四に、全ての情報を公開し、開かれた会社になる。

第五に、会社にとって、最も大切な資産である販売組織にもっと投資し、代理店、営業所を豊かにする。

第六に、将来的に訪問販売に限界を感じ、インターネット販売、通信販売を画策しているが、メンバーの存在をないがしろにする様な販売システムは採用しない。未来永劫、コミュニケーションビジネスの完成形を作り上げるべき。

第七に、流通体制はじめ、お客様にとって不利で不便な事が多い。お客様に喜んで頂けない事は全て改善し、お客様に目を向け、お客様の立場にたって経営すべきである。

ミキの将来のヒントは現場にある。

こういうことなんじゃないかと思います」

あとがき

この本を執筆するにあたり、元幹部をはじめ、元社員、元代理店、現役代理店など多くの方々にお話を伺った。三基商事に疑問を抱く人、まったく信じて疑わない人、立場は人それぞれだったが、外部の人間が知り得ないたくさんの貴重な情報をいただくことができた。

なかでも、ながく三基商事の中心的幹部として門田氏とともに会社をまとめあげ、当社の発展と繁栄に最も寄与した人物の一人である元幹部には、多大にお世話になった。最終的には協力の意向を示してくれたが、そこに至るまでの氏の葛藤を、私は痛いほど共有した。

それは、この本の内容が公になることで、代理店や営業所の今後の仕事に支障をもたらすのではないかという心からの心配だった。彼は最後までお客様やメンバーのために、会社のやり方を改善すべく努力してきたのだが、文字どおり、刀折れ矢尽きてしまったのである。

ミキプルーンの真実を知っている彼は、これ以上嘘をつき続け、お客様を騙すことに耐えられなくなったのだ。口を閉ざすことは、メンバーを騙し続けることにもなる。取材に応じてくれたのは、「ミキグループの理念を信じ、その活動に取り組む代理店や営業所のために、知るべき事実は公表すべきだ」という、彼なりの正義だった。三基商事と決別した彼は、今、新しい道を歩もうとしている。

また、元社員や代理店の方々には、それぞれの立場から、三基商事に対する思いと現実を語って頂いた。同じく、感謝申し上げる。

ここに記した内容は、取材に応じてくれた方々が見てきた真実であり、多くの消費者をとりこにした画期的な商品と販売システムをその販売店とともに確立してきた三基商事の、光と影の記録でもある。

企業というものは、その成長の過程において変遷し、ときには当初の理念をどこかに置き忘れて、がむしゃらに利益のみを追求してしまう生き物なのかもしれない。

マルチのカリスマとまで呼ばれた門田敏量氏、同業他社もうらやむような業績をあげ続けてきた希有のマルチ企業である三基商事が今後どこに向かうのか、それは私にはわからない。

ただいえるのは、家族経営の限界をさとり、秘密主義をあらため、情報を公開し、会社としてゼロからの出直しをしないと三基商事の将来はないように思う。

三基商事の代理店や営業所などのメンバーは、無垢に三基を信じ、生活をかけて人生をかけて活動をしている。

そのメンバーにとって本書の内容は衝撃的で、今までの自分の活動をも否定することでもあり、受け入れがたいことであるかもしれない。

しかし、この情報化社会の中で、いつまでも真実を隠し通すことはできないはずだ。

この本をお読みになったあなたが、真実をどう判断されるか。

それはあなた次第である。

【プロフィール】
樋口昂央（ひぐち　たかひろ）
フリーランスライター。ノンフィクションの分野を中心に、
雑誌、書籍などで執筆活動をおこなっている。

マルチのカリスマ

2015年3月10日　初版第1刷発行

著　者　樋口昂央
発行者　渡辺弘一郎
発行所　株式会社あっぷる出版社
〒101－0064 東京都千代田区猿楽町2－5－2
TEL 03－3294－3780　FAX 03－3294－3784
http://applepublishing.co.jp/
装　幀　山添創平 FLAT CREATIVE
組　版　西田久美 Katzen House
印　刷　モリモト印刷